パラレルコーパス言語学の諸相

モノリンガルコーパス研究から
バイリンガルコーパス研究へ

Aspects of Parallel Corpus Linguistics:
From Monolingual Corpus Studies
to Bilingual Corpus Studies

神戸学院大学グローバル・コミュニケーション学会 研究叢書 Vol.2
Society of Global Communication Studies of Kobe Gakuin University
Research Series Vol.2

パラレルコーパス言語学の諸相

モノリンガルコーパス研究から
バイリンガルコーパス研究へ

Aspects of Parallel Corpus Linguistics:
From Monolingual Corpus Studies
to Bilingual Corpus Studies

仁科 恭徳 ［著］
Yasunori Nishina

開拓社

はしがき　寿司職人と辞書編纂

　全米を始め，世界的に一躍有名になった銀座の寿司店「すきやばし次郎」の店主，小野二郎氏は日本人で最も有名なミシュラン 3 つ星の寿司職人である．今もなお，シェフの中では最高齢である二郎氏が世界で一躍注目の的になったきっかけが，「二郎は鮨の夢をみる」というドキュメンタリー番組で，CNN や Netflix などを通して世界中で放映された．現在は予約が数年先まで埋まっているという．職人の頂点を極めた二郎氏は，そのインタビューの中で「頂点が分からないから常に前へ，常に上へ目指すしかない．その精神でずっとやってきた」と語った．職種・業種は違っても，研究者もある意味では職人であり，言語の研究に携わっている者にとって，二郎氏の言葉には何かしら共通項のようなものが見いだせるのではないだろうか．

　私は言語学を研究し言語教育を実践する傍ら，辞書の執筆にも携わってきたので，この二郎氏の言葉を辞書作りに重ねてみたい．辞書作りには，何が完璧な記述（語釈）で何が完璧な辞書であるのかという漠然とした問いに対する明確な答えは存在していない．ある意味ではヒューリスティックな観点から，「おそらくこの記述が（あるいはこの情報が）ユーザーにとって意味があり価値のあるものであろう」という予測の元に，最適解と思われる言語情報を採用するのである．しかも，書店に並ぶ他の類似した辞書との差異化をはかるため，その辞書がどのような点で特徴があるのかを浮き彫りにする必要があり，改訂を重ねる度に辞書の記述には更なる改善・向上が求められる．そのような苦労もありながら，常に前を目指し，上を目指し，各辞書は改訂を繰り返す．寿司の世界も似ている．ミシュランの選定者は，「すきやばし次郎」の鮨はいつ訪れても，クオリティーを維持し続けているという．そして，その完璧なまでのおもてなしに星などといった概念自体がもはや無意味ではあるが，それ以外に賞賛する術がないことからミシュラン 3 つ星を与え続けているという．あくまで，シンプルな鮨ではあるが，そのシンプルさを極めた鮨，その鮨が出

されるまでのあまりに計算された準備と絶妙なシャリとネタのバランス，鮮度，その日の仕入れ全てが計算されているという．これは辞書作りにも全くと言っていいほどあてはまる．あまりに詳細な記述を施しても，学習者にとっては情報過多となり，ユーザー・フレンドリーな記述とは言えない．欲しい情報が見やすいレイアウトによって計算されたかのように用例・例文がバランスよく絶妙に掲載されていることが重要である．例えば，見出し語であれば，何が重要語であるのかを入念に検討し，ラベル付けしていく作業は，まさしく鮨職人が客の前に鮨を出すまでの過程と全くといっていいほど同じである．完璧な辞書が存在しないからこそ，常に前へ，常に上へと追求していく姿勢が，時代を問わず求められる辞書編纂の姿勢であることは言うまでもない．そして，この姿勢は，言語研究・言語教育においても同じであろう．

　本書は，世界で1960年代に本格的に始まったコーパス言語学の中でも，日本においては2000年を過ぎてから注目され始めたパラレルコーパス研究に焦点を当て，その現在までの研究と今後の可能性を探る日本初の書籍である．言語学，コーパス研究，自然言語処理，翻訳学，統計学など多岐にわたる分野を跨ぐことによって，この「パラレルコーパス言語学」は成立する．その一端を本書でじっくりと紹介したい．なお，現在までの筆者の研究成果の一部を凝縮した内容にもなっており，現在までに自身が執筆・公刊した論文のいくつかをブラッシュアップし大幅にアップデート・改変した上で，それらの内容を系統立てていくつかの章で部分的に反映させるように努めた．今後，この1冊が現在・未来の言語学者，言語教育者，翻訳家・通訳者，言語学・言語教育・翻訳学・辞書学関連の修士・博士課程に在籍する大学院生などに影響を与え，一筋の光を与えんことを切に願う．

　　　　　　2023年 早春 『パラレルコーパス言語学の諸相』筆者より

謝　辞

　本書に掲載された研究のいくつかは JSPS 科研費 20K00692 の助成を受けたものである．また，出版の最終段階においては，神戸学院大学海外研究員制度を活用することで，英国で研究に没頭することができた．ここに感謝申し上げる．

　次に，現在まで筆者の研究活動を支えてくれた全ての元指導教授の先生方，特に名前を挙げると，赤野一郎先生（京都外国語大学名誉教授），Susan Hunston 先生（英国バーミンガム大学教授），Suganthi John 先生（英国バーミンガム大学教授），Nicholas Groom 先生（英国バーミンガム大学上級講師），Wolfgang Teubert 先生（英国バーミンガム大学名誉教授），Derek Lewis 先生（英国エクセター大学元上級講師）に深く感謝申し上げる．また，過去・現在の同僚，教育や研究における先輩・後輩，共同研究者の方々，プライベートの仲間を含め，全ての方々にここに深く感謝の意を記す．中でも，特に，野口ジュディー津多江先生（神戸学院大学名誉教授），鎌倉義士先生（愛知大学教授），吉村征洋先生（龍谷大学准教授）には感謝の意を表したい．そして，本書を査読頂いた 2 名の方々にも深く御礼申し上げる．

　筆者が本格的にパラレルコーパスの研究を始めてから 16 年以上が経過し，当初夢見ていた『パラレルリンク』の開発にようやく着手することが決まった．本ツールの開発にご協力頂いた Lago NLP（旧 Lago 言語研究所）代表の赤瀬川史朗先生，SCoRE の用例コーパスを搭載することをご快諾くださった中條清美先生（元日本大学教授），現在 SCoRE の一連の研究を引き継いでおられる西垣知佳子先生（千葉大学教授），パラレルコーパスの重要性を再認識させてくれた故・染谷泰正先生（元関西大学教授），ならびに関係者の皆様全てに感謝の意を示す．

　そして，客員教授として筆者を温かく迎え入れてくれた Bjarke Frellesvig 先生（英国オックスフォード大学教授）にも深く感謝申し上げる．短い期間で

はあるが，英国でパラレルコーパスの研究に没頭できたことで，現在までの筆者自身の研究を体系的に見つめ直すことができ，コーパス言語学の中におけるパラレルコーパス研究の位置づけや，他の分野との関連性，そして今後の方向性についてじっくり調査し深く考える貴重な時間が持てた．

　最後に，慣れない海外生活に帯同し筆者を支えてくれた家族に心から感謝を申し上げたい．

目　次

x

第1章　序論編：コーパス言語学とは何か

1.1.　はじめに

　本書のテーマである「パラレルコーパス言語学 (parallel corpus linguistics)」とは，筆者が名付けた造語である．言語学 (linguistics) に属する下位分野 (sub-fields) には，統語論，意味論，語用論，談話分析，社会言語学，語法，辞書学，形態論，翻訳学，そしてコーパス言語学 (corpus linguistics) など，かなりの多様性が認められるが，これらのいくつかは応用言語学 (applied linguistics) に属するとも言われている．特に理論言語学 (theoretical linguistics) は，歴史的には言語の内部構造を研究対象の中心としているものが多かった一方で，応用言語学はその根本的な目的として，言語と人や社会との関わりについて解明することを研究の主目的とするものが多い．よって，語用論や談話分析，辞書学，翻訳通訳論，社会言語学，言語政策，第二言語習得，法言語学，そしてコーパス言語学も応用言語学に属しているという見方が現在では一般的である．また，コーパス言語学は，その背景に何かしらの理論的バックボーンがあって学問分野として成立・確立しているわけではなく，あくまで言語分析のための一方法論にすぎないとする見方もあるが，この問いに対する解は未だ得られていない．

　本章では，この応用言語学の下位分野に属するとされるコーパス言語学の諸相についてまずは概観し，現在までの当該分野の流れと拡がりについてその全体像を紹介する．詳しくは，コーパスとコーパス言語学についてまず解説し (1.2 節)，コーパス言語学の歴史 (1.3 節) について現在までに構築されたコーパス (1.3.1 節)，歴代のコーパス分析ツール (1.3.2 節)，英語コーパスを用いたこれまでの研究 (1.3.3 節) を取り上げる．続いて，コーパス研究で扱うこ

との多い統計指標（1.4 節）について，共起関係や特徴語の抽出に使う統計指標（1.4.1 節），テクスト分析で扱う多変量解析（1.4.2 節），そして，その他の統計手法（1.4.3 節）の概要と最近の動向を述べ，最後にまとめ（1.5 節）とする．

1.2. コーパスとコーパス言語学

コーパス言語学（corpus linguistics）とは何か．この問いに対する解を得るためには，まずコーパス（corpus）とは何かを知る必要がある．2019 年に刊行された『ウィズダム英和辞典第四版』（三省堂）で corpus の意味を調べると，「（特定の種類・作家の文書［資料］の）集大成，集積」あるいは「コーパス，言語資料（の集積）」といった記述が即座に見つかる．元来，corpus とは，ラテン語の corpus（身体），あるいは corpse（死体，コルプスと呼ぶ）からきている．corpus には元来「全集」という意味もあり，この意味が転じて「作家の著作物の総体」を表すようになり，その後「（言語分析を目的とした）言語資料の集積」として用いられるようになったという説や，一度発話した言葉や綴った言葉は，既に生を失っていると解釈し，それを「コルプス」（死体）と描写したという説もある．齊藤他（2005, p. 3）によると，現在の言語を分析するための「言語資料の集積」を意味する例は，オックスフォード英語大辞典（OED: Oxford English Dictionary）において 1956 年が初出であったことが確認されている．よって，歴史的にも比較的最近生まれた言葉であることが分かる．

また，この意における corpus を用いて様々な角度から様々な方法を活用して言語を分析する学問を一般的にコーパス言語学と呼ぶ．Leech (1992) によれば，このコーパス言語学という用語は Aarts & Meijs (1984) から使われ始めたようである．

なお，1.1 節で，コーパス言語学は応用言語学の一種であると述べたが，コーパス言語学自体が何かしらの確立した理論的背景をもって学問分野として成立しているというよりは，コーパスを活用することで可能となる言語分析の方法論を提供する学問分野，あるいはその可能性を模索する学問分野とする見方がある（McEnery et al., 2006）．一方で，英国のバーミンガム学派（Birmingham school）の考え方に従えば，コーパス言語学はコーパスを分析することで，今までに発見されてこなかった新しい言語理論の構築が可能となる研究分野である，と位置付けている．このコーパス言語学に対する二つの見方には，様々な意見があり互いに相容れないものでもあるため，どちらの見方が優勢かという点について未だ決着はついていない．ただし，電子コーパスが誕生してからは，言語分析における新たな手法が発見され，新たな言語事実が精緻に解明され，机上の理論が見直され，逆に各言語理論の解明の目的に沿ったコーパスの構築などが再三行われてきた事実を考慮すれば，コーパス言語学はもはや単なる方法論を超えた学問分野であることには間違いない．

　実際に，本書で例証するパラレルコーパスを活用したいくつかのケーススタディにおいては，信頼性ある大量の翻訳データを機械（コンピュータ）で分析することによって，既存の情報（例えば，現行の辞書に記載されている記述や翻訳データベースの情報など）を大幅に見直すことが可能となる．あるいは，Gledhill (2011) のフレイジオロジー (phraseology)[1] や，Francis et al. (1996, 1997) と Hunston & Francis (2000) によるパタン文法 (pattern grammar)[2] といった単なる語を超えた言語単位の分析にも有効な手掛かりを与えてくれる．ここで，仁科 (2008a) で取り上げた「円高不況」の英訳に関する例を一つ挙げたい．以下は，『ウィズダム和英辞典』の初版 (2007)，第二版 (2012)，第三版 (2018) のいずれにも掲載された「円高不況」に関する訳例である．改訂を重ねても同じ訳例が掲載されている（なお，姉妹版である『ウィズダム英和辞典』は，日本で初めて英語コーパスを徹底活用して編纂された辞書であり，筆者も執筆者として第三版と第四版において低頻度語や日常生活語を担当した

---

[1] Gledhill (2011, p. 1) におけるフレイジオロジーに関する説明では，"phraseology involves the study of formulaic sequences of words, including idiomatic phrases and proverbial expressions" と述べられており，イディオマティックな表現を含む慣用表現の研究であるとしている．

[2] パタン文法は，イギリスのコーパス言語学で関心が高く，句や節，文レベルにおける英語の型の一種を示す．特に，計量的観点に基づき，大規模コーパスから抽出した表層的な型のことを指す．コーパスから抽出されたパタンのデータは，COBUILD シリーズに代表されるように辞書編纂のために活用されたり，ボトムアップアプローチによる談話分析や，言語教育用のシラバス作成などにも使われている．

4

経歴を持つ）.

　　・the strong yen-caused recession; the high-yen slump

　この「円高不況」を，「日英新聞記事対応付けデータ（JENAAD）」と「ロイ
ター日英記事の対応付けデータ（REUTERS）」と呼ばれる新聞・ニュースの
日本語と英語の記事で構成された翻訳コーパス（このように翻訳文で構成され
るコーパスをパラレルコーパスと呼ぶ．詳しくは次章を参照）で検索すると合
計 28 例見つかり，そのうちの 13 例が recession／slump＋caused／triggered／
marked／brought on＋by＋the yen's sharp／rise／appreciation … の受動態のパ
タンで固定的に用いられていた．以下のコンコーダンスラインを見られたい．

Shock"（1973）and subsequent "high-yen recession," caused by a sudden appreciati
ped build the momentum to overcome the recession caused by the high yen. Order m
g the viral invasion. To avoid another recession caused by the yen's rise, the g
the Japanese economy was hard hit by a recession caused by the yen's sharp appre
Saturday. He said he survived the last recession caused by the high appreciation
as different from the situation in the recession caused by the yen's appreciation
hen the industry was severely hit by a recession marked by a high appreciation o
87, when the nation was experiencing a recession triggered by a sharp rise in th
rently suffering from a policy-induced recession brought on by politicians who l
period, and even more serious than the recession in 1986, which was caused by th
employment is less serious than in the recession of the late 1980s caused by the
y responsible for allowing the current recession, which was caused by the strong
16 furnaces have been closed since the recession of the late 1980s which was tri

　他には，strong yen-caused recessions や the economy slumped due to the
yen's appreciation against the dollar などの例も見られた．よって，「円高不
況」については『ウィズダム和英辞典』の初版から掲載されている訳例に改善
が見られないため，このようなパラレルコーパスのデータに基づいた翻訳実態
を辞書記述に反映することも検討に値するのではないだろうか．このように，
二言語間（あるいは多言語間）翻訳で通底している言語単位である「翻訳ユ
ニット（translation unit）」の研究は，Shei（2005），Chang et al.（2005）など
でも注目されている．翻訳ユニットについては，以下のように Teubert が説
明しており，仁科（2008b）においても日英語間の交換可能性（reversibility）
の観点から考察したが，機械翻訳の分野を省けば研究の数自体はそれほど多く

はない.

> The translation unit, that is the text segment completely represented
> by the translation equivalent, is the base unit of multilingual corpus
> semantics. Translation units, consisting of a single word or of several
> words, are the minimal units of translation. If they consist of several
> words, they are translated as a whole and not word by word.
>
> 　　　　　　　　　　　　　　　　　　　　　　(Teubert, 2001, p. 145)

1.3.　コーパス言語学の歴史

　本節ではコーパス言語学の歴史を概観する．コーパス言語学の歴史を紐解く
上で最も重要となる人物は，なんと言っても「COBUILD 辞書の生みの親で
もあり，コーパス言語学のパイオニア」(磐崎, 2007) でもある John McHardy
Sinclair (通称 John Sinclair「ジョン・シンクレア」) であろう．コンピュータ
を活用した言語分析に最も初期の頃から携わり，数々の有能な弟子を輩出して
きた．COBUILD (Collins Birmingham University International Language
Database) の名付け親でもあり，200万語のコーパスを活用して編纂された
Collins COBUILD English Language Dictionary (1987) を主導した人物でも
ある．また，1991年に刊行した Corpus Concordance Collocation において
提唱した Idiom Principle はあまりにも有名である．以下は Sinclair (1991, p.
110) からの直接引用であり，人間は，無数にある語をランダムに取捨選択し，
文を生成しているのではなく，複数の語からなるチャンク（かたまり）を大量
にストックし，それらを活用しているという原則を意味する．コーパス言語学
の研究が進展するにつれて，この原則の信頼性が増している．

> The principle of idiom is that a language user has available to him or
> her a large number of semi-preconstructed phrases that constitute sin-
> gle choices, even though they might appear to be analyzable into seg-
> ments. 　　　　　　　　　　　　　　　　　(Sinclair, 1991, p. 110)

この John Sinclair は新ファース派（neo-Firthian）と呼ばれており，John Rupert Firth（1890–1960）がかつて掲げた言語分析への見方，つまり言語研究の中心は意味であり，意味を成すにはある一定のユニットを形成する必要があり，そのような意味をなす言語ユニット（unit of meaning）は状況文脈（context of situation）に依存していることから，意味とは文脈（context）の機能である，という考えの基に成り立っている．[3] 新ファース派には，選択体系機能言語学（systemic functional theory）で有名な M.A.K Halliday，語彙的プライミング（lexical priming）を提唱した Michael Hoey，既に見たパタン文法（pattern grammar）やディスコース上の書き手の心的態度・評価を表す Evaluation の研究などで有名な Susan Hunston，コーパスを活用した語彙意味論（lexical semantics）の研究で有名な Michael Stubbs，そしてコーパス駆動型アプローチ（corpus-driven approach）を提唱した Elena Tognini-Boneli などがいる．[4]

Neo-Firthian である Michael Hoey の弟子でもあった Susan Hunston は，奇しくも John Sinclair と同じくバーミンガム大学に所属することになり，コーパスという強力な言語資源とそれを分析するコンコーダンサー（concordancer）などの分析ツール，そしてその分析の方法論を携えて，前述の意味を成す言語ユニット（unit of meaning）の解明やその状況文脈（context of situation）に関する研究を発展させた．また，コーパス援用型ディスコース研究（通称 CADS：Corpus-assisted Discourse Studies）のケーススタディも普及し，電子コーパスの到来により，ディスコース研究の新たな局面を迎えることとなった．語は句やパタンの一部であり，そのような句やパタンはディスコース上で重要な意味・機能を担っていることから，ディスコースを解明するということは，言い換えればよりミクロな句やパタンの状況文脈を解明することで

---

[3] J. R. Firth に最も影響を与えた人物は B. Malinowski であると言われている．Malinowski は，発話の意味を明らかにするためには，その発話の状況（situation）を知る必要があり，「言葉の話されている文化の環境の中に自己を置く必要のある」（小迫, 1970, p. 130）ことを強調している．

[4] 非公式には，コーパス駆動型アプローチ（corpus-driven approach）を初めに提唱したのは John Sinclair であるが，その懐の大きさから元指導生の Elena Tognini-Bonelli に花を持たせたという説もある（私信：中村純作元立命館大学教授）．

もある．よって，ジャンル（genre）やレジスター（register）が異なれば，必然的にディスコースの命題や構造，目的そのものも異なっていることから，同じ句やパタンでも意味・機能が自ずと異なってくることは極めて自然である．これは特定目的のための英語（通称 ESP：English for Specific Purposes）の研究や，John Swales が提唱するジャンル分析（genre analysis），学門別のアカデミックディスコース（academic discourse）の分析（disciplinary discourse analysis とも言う）といった応用言語学の下位分野に位置付けられる諸分野の研究を量的見地から飛躍的に加速化させる着眼点でもあった．そのような研究は，バーミンガム大学の Susan Hunston 教授の指導下で教えを受けた研究者達に引き継がれた．彼らもまた，広義の意味においては新ファース派（neo-Firthian）ということになる．名を挙げれば，Nicholas Groom, Maggie Charles, Suganthi John などがその代表例であろう（cf. Groom et al. 2015）．

　実は，この脈絡は，記述言語学の中でも J. R. Firth, A. McIntosh, M. A. K. Halliday らが中心となって広まったロンドン学派に端を発しており，[5] その後バーミンガムを含む英国中に広がり，やがて世界中へと広まっていった．コーパスの出現により，大量のデータをもって実証的に新ファース派の観点から言語の分析を行うことが可能となった点も，このような普及の拡大に貢献している．Leech（1991）によると，1959 年に開始された The Survey of English Usage および 1961 年に開始された Brown Corpus 編纂の計画によってコーパス言語学は始まったとされており，歴史的には未だ 60 年余りしか経っておらず，極めて若い新進気鋭の学問分野であると言える．それにもかかわらず，今やコーパス言語学は海を越え山を越え，遥か遠い国であった東アジアの日本に根付き，隆盛を迎え，英語という言語の垣根を超え，日本語大規模コーパスの構築やその活用分析，ひいてはパラレルコーパスを活用した日英・英日翻訳の分析に至るまで，その多様性は年を追うごとに増し発展し続けている．特に状況文脈（context of situation）に関する研究においては，統計手法が多様化し，英語以外の他言語コーパスも急速に構築されている昨今，更なる発展

---

[5] ロンドン学派の始まりは「J. R. Firth がロンドン大学の一般言語学の主任教授になった年」である 1944 年とされている（小迫, 1970, p. 126）．

が期待されている.

　本節では，ロンドン学派に始まり，その学術的視点を継承した John Sinclair を始祖とするコーパス言語学の歴史を概観する．まず，現在までに構築されたコーパスの種類や目的などその詳細を見ていく（1.3.1 節）．次に，コンコーダンサーに代表される一連のコーパス分析ツールについても，どのような種類がありどのように発展してきたのか歴史的に見ていく（1.3.2 節）．そして，コーパス言語学研究の歴史について，主に国内研究の事例を中心に紹介する（1.3.3 節）．続いて，コーパス研究で扱われる統計指標についても概観する（1.4 節）．特に，コーパス研究で注目される共起関係の特定や特徴語の抽出に用いられる統計指標と（1.4.1 節），テクスト分析時に多用される多変量解析について（1.4.2 節），事例研究も交えながら紹介する．全体として，現在までどのようなコーパスが構築され，どのような（統計的）手法が用いられ，どのような言語研究がなされてきたのかを振り返り，コンピュータの力を援用することで意味を成す言語ユニット（unit of meaning）や状況文脈（context of situation）の解明のための量的な分析やその手法がどのように発展してきたのか，机上の言語理論や分析には限界のあった新しい言語事実の見方とはどのようなものであるのか，その一端を示す．

1.3.1. 歴代のコーパス

　国語辞典であれ英和辞典であれ，辞書の世界では，昔から新聞や雑誌，書籍などから言葉の用例を採取し，それらを用例カードに書き留めるなどして記録し，辞書編纂時に参照するという行為を繰り返してきた．映画『博士と狂人』の作中にも，オックスフォード英語大辞典（OED）編纂時に用例カードが徹底活用されているシーンがあり，同辞書は 70 年がかりで完成した．『明鏡国語辞典』や『三省堂国語辞典』の生みの親でもある見坊豪紀（けんぼうひでとし）氏も，145 万例にもおよぶ用例カードを保管していたという．[6] 今となっては，そのような伝統的で過度な手作業を伴う行為は，もはや語り継がれる伝説にさ

---

[6] 詳しくは「見坊豪紀 戦後最大の辞書編纂者 145 万の用例カード 辞書は言葉の「かがみ」」（https://www.ifsa.jp/index.php?Gkenbouhideki）を参照.

えなっている．現在では，マウスを数回クリックするだけで欲しい言葉の用例が膨大に手に入る．それを可能にしたのが電子コーパスである．そこで，本節では，まずコーパスの種類を概観し，現在までに構築された代表的なコーパスを紹介する．

　齊藤他（2005, pp. 23-25）によると，コーパスの種類はその質や量の観点から 5 種類に区別可能である．一つ目はサンプルコーパス vs. モニターコーパスである．サンプルコーパスとは厳格なコーパスデザインに基づき，特定時期に発行された一定量のテクストを収集し構築されたコーパスのことを指す．代表的な例として，イギリス英語を入念に集めた 1 億語規模の British National Corpus（BNC）が挙げられる．一方，モニターコーパスでは，常に変化し続ける時流に沿ったテクストをざっくりとした基準に照らし合わせて収集し，古いテクストは捨てることで常に最新の言語情報が反映されることを目指している．代表的な例として，Bank of English（BoE）がある．有料とはなるが，どちらのコーパスも小学館コーパスネットワーク（https://scnweb.japanknowledge.com/）から検索することができる．

　二つ目は汎用コーパスと特殊目的コーパスである．汎用コーパスとは既出のBNC や世界の様々な英語のテクストを 100 万語ずつ集めた International Corpus of English（ICE）など，サブコーパスやジャンルのバランスなどが特定の基準に従って入念にデザインされ構築されたコーパスを指す．「現代のイギリス英語」など比較的大きな枠組みとしての母集団を想定してコーパスが構築されていることから，一般的な語彙・文法研究などに向いているとされるが，ほとんどの言語教育や言語学の調査においては汎用コーパスの使用のみで事足りるであろう．一方，特殊目的コーパスとは，特定のジャンルやレジスターに特化したコーパスをはじめとし，特定の地域や分野で使われる言語特性を調査するために構築されたコーパスである．近年，ESP（English for Specific Purposes）の研究では，この特殊目的コーパスを活用した研究が広く進められており，例えば仁科（2007b）では将来（米国）公認会計士を目指す大学生のために会計コーパスを構築し，会計士として習得すべき英語の語彙リス

トを開発した.[7] また，Nishina (2010) においては，応用言語学とビジネス学の学術論文コーパスをそれぞれ構築し，論文中で用いられているパタン文法やその状況文脈の異なりに注目し，量・質的観点から分野間の認識論的な違いを精緻に考察している．そして，仁科 (2019) では，ウェブ上でヒットソングの歌詞を公開している SONGLYRICS know the world (http://www.songlyrics.com/top100.php) の Billboard Hot 100 Songs を活用し，過去 10 年間にリリースされた計 1,000 曲の歌詞を行頭空白などのノイズを除いた上でコーパス化した．このビルボード・コーパスを分析することで，現代ポップソングの歌詞で好まれて使用されている英語表現の特徴が明らかとなった．なお，齊藤他 (2005, p. 24) によれば，最近注目を集めている「外国語習得研究のための学習者コーパス (learner corpus)」も特殊目的コーパスの一種と見なすことができるようである．最近国内で構築された英語学習者コーパスに，神戸大学の石川慎一郎氏が中心となってアジア圏 10 カ国・地域の学習者による産出データ（作文と発話）を収集し構築した ICNALE (International Corpus of Asian Learners of English) (https://language.sakura.ne.jp/icnale/) がある．学習者コーパスについては後ほど詳しく述べる．そして，本書の中心課題であるパラレルコーパスも，同じく特殊目的コーパスに該当するという見方が強い.

　三つ目は共時コーパス (synchronic corpus) と通時コーパス (diachronic corpus) である．多くのコーパスは収集したテクストの時代区分を 1 年〜数年程度に限定しているので，共時コーパスと呼ぶことができる．一方で，Mark Davies が開発した 1820 年から 2019 年までのアメリカ英語の史的コーパス Corpus of Historical American English (COHA) は，時代の流れに沿った言語変化を調べるために構築されていることから通時コーパスと呼ばれる．750-1710 年間のテクストを収集した Helsinki Corpus も現在までの言語の史的研究で頻繁に活用されてきており，こちらも通時コーパスの一種である.

　四つ目は書き言葉コーパス (written corpus) と話し言葉コーパス (spoken corpus) である．コーパス元となるテクストを収集しやすいという利便性から，

---

[7] これは，当時筆者が勤めていた大学が会計士などの専門職を目指す特殊学校であったためである.

現在までに構築されたコーパスの大半は書き言葉コーパスに偏重している．例えば，コーパスの出発点であり世界最初の電子コーパスでもある Brown Corpus は書き言葉コーパスである．[8] Brown コーパスのイギリス英語版である Lancaster-Oslo / Bergen Corpus of British English（LOB Corpus）も書き言葉コーパスである．一方で，近年では人の会話や映画・ドラマなどのスクリプトなどの音声言語を文字化した話し言葉コーパスも脚光を浴びつつある．筆者は過去に 978 本の映画のスクリプトを集めた約 750 万語のコーパス構築プロジェクト（映画英語字幕データベースプロジェクト）に参加したことがある．2015 年 8 月刊行の月刊雑誌『英語教育』のコラム「コーパスで知る実用英文法」(pp. 24-26) では，同コーパスを用いて学生からの質問にあった辞書未掲載表現 I have a situation の意味と機能の解明を試みた．[9] なお，最近では，通称 TED コーパスと呼ばれる TCSE: TED Corpus Search Engine（https://yohasebe.com/tcse/）に代表されるように，検索した語や句，表現が実際に発話されたシーンの動画も確認することができるものもある．生の音声やジェスチャー，文脈，雰囲気などを確認することも可能となっており，話し言葉の研究はマルチモーダルな視点から新しい局面を迎えていると言ってよい．

　五つ目はオンラインコーパスである．前述の TED コーパスもオンラインコーパスの一種である．また，有名なものに，ブリガムヤング大学のコーパス言語学教授 Mark Davies 氏が開発したオンライン上で検索可能な現代アメリカ英語コーパス Corpus of Contemporary American English（COCA）がある．spoken, fiction, popular magazines, newspapers, academic journals の 5 つのジャンルで構成されており，2021 年 9 月現在で 1 billion（10 億語）のコーパスサイズを誇る．[10] この COCA 以外にも，Mark Davies が開発した

---

[8] Brown Corpus は 1961 年に編纂が始まり，1964 年に完成した．1961 年に刊行された資料を 15 のジャンルで 2,000 語ずつ 500 集めた 100 万語のコーパスである．

[9] 同コーパスからは，S＋have [had / got] a situation の用例は計 30 件見つかった．いずれの用例においても，前後の共起語等を分析した結果，「S があまり思わしくない状況にあり，早急に改善する必要がある」場合に用いられていることが分かった．

[10] 詳しくは，内田 (2014)「実践で学ぶコーパス活用術 14：COCA を使ったコロケーションの検索」(https://www.kenkyusha.co.jp/uploads/lingua/prt/13/UchidaSatoru1408.html) も参照されたい．

English-Corpora.org（https://www.english-corpora.org/）では，以下19種類のコーパスの検索が可能である．

表1-1．English-Corpora.org に収録されている各コーパス（https://www.english-corpora.org/ から引用）

	コーパス名	サイズ	英語変種	時代区分	ジャンル
1	iWeb: The Intelligent Web-based Corpus	14 billion	6 countries	2017	Web
2	News on the Web (NOW)	13.3 billion+	20 countries	2010-yesterday	Web: News
3	Global Web-Based English (GloWbE)	1.9 billion	20 countries	2012–13	Web (incl blogs)
4	Wikipedia Corpus	1.9 billion	Various	2014	Wikipedia
5	Coronavirus Corpus	1.15 billion+	20 countries	Jan 2020-yesterday	Web: News
6	Corpus of Contemporary American English (COCA)	1.0 billion	American	1990–2019	Balanced
7	Corpus of Historical American English (COHA)	475 million	American	1820–2019	Balanced
8	The TV Corpus	325 million	6 countries	1950–2018	TV shows
9	The Movie Corpus	200 million	6 countries	1930–2018	Movies
10	Corpus of American Soap Operas	100 million	American	2001–2012	TV shows
11	Hansard Corpus	1.6 billion	British	1803–2005	Parliament
12	Early English Books Online	755 million	British	1470s–1690s	Various
13	Corpus of US Supreme Court Opinions	130 million	American	1790s-present	Legal opinions
14	TIME Magazine Corpus	100 million	American	1923–2006	Magazine
15	British National Corpus (BNC)	100 million	British	1980s–1993	Balanced
16	Strathy Corpus (Canada)	50 million	Canadian	1970s–2000s	Balanced
17	CORE Corpus	50 million	6 countries	2014	Web
18	American English From Google Books n-grams	155 billion	American	1500s–2000s	Various
19	British English From Google Books n-grams	34 billion	British	1500s–2000	Various

　ここまでは各コーパスの特性の観点からタイプ別にコーパスを紹介してきたが，中でも学習者コーパスは近年注目を浴びているのでもう少し解説しよう．学習者コーパスの歴史はまだ日が浅く，その出発点はEFL/ESLの専門家や英語教材を専門とする外国出版社が学習者コーパスの理論的・実践的有用性を

認識し始めた 1990 年代初頭に遡る．最も有名な学習者コーパスの一つに International Corpus of Learner English（ICLE）がある．ICLE は国際的な大学間協力の基に編纂された母語別の英語学習者コーパスであり，大学生の小論文（argumentative essay）が約 200 万語収録されている．また，母語話者との比較用の統制コーパス（LOCNESS）も構築されたことで，学習者と母語話者の表現などの計量的な比較が可能である．現在までに，ICLE 以外にも母語別英語学習者コーパスの Longman Learners' Corpus（LLC）や，中国人英語学習者コーパスの Hong Kong University of Science and Technology Learner Corpus（HKUST）などが構築されており，これらのコーパスを活用した研究も報告されている．例えば，Milton（1998）では，HKUST を用いることで広東語を母語とする英語学習者特有のエラーを検出し，典型的な過剰・過少使用に対応したコンピュータによる教育用ツールに関する提言を行った．このような学習者コーパスの出現は，研究のみならず学習教材の開発・編纂過程においても使用されつつあり，『ロングマン新英語表現辞典』（Longman Essential Activator）もその一つである．

　このような潮流に倣い，日本の英語教育界においても日本人英語学習者コーパスが近年構築されつつある．例えば，Nagoya Interlanguage Corpus of English（NICE）は，日本人大学生の英作文と英語母語話者の添削文をコーパス化し，添削前後の英文の比較を可能にした．また，NICT JLE コーパスは日本人 1,281 人（タグ付き 167 人）の英語スピーキングデータを集めた約 100 万語の学習者コーパスで，20 人分の英語母語話者による統制コーパスも添付されている．さらに，Corpus of English Essays Written by Japanese University Students（CEEJUS）は，中上級の英語力を持つ日本人大学生のエッセイを基に構築した 190,488 語からなる学習者コーパスで，学習者のレベルが観察できるように TOEIC のスコアがタグ付けされている．このような学習者コーパスを活用することで，日本人英語学習者の誤用（エラー）が可視化され，具体的な対策案を講じるための基礎データの獲得が以前より容易になったと言えよう．以上が学習者コーパスの概要となる．

　なお，英語コーパスには遅れをとるものの，最近では本格的に日本語コーパスが構築され公開され始めている．最近構築された日本語コーパスの中で有名

14

なものに「現代日本語書き言葉均衡コーパス」(BCCWJ: Balanced Corpus of Contemporary Written Japanese) があり，2011 年より国立国語研究所から公開されている．1 億語規模の本コーパスは，専用に開発された検索オンラインシステム「小納言」または「中納言」を用いるか，DVD 版を入手して他のコーパス検索ツール等を使って検索することもできる．既に BCCWJ を扱った現代日本語研究あるいは日本語教育に関する研究は数多くあり，日本語慣用句「あっけにとられる」と「舌を巻く」の用法の傾向などについてまとめた石田 (2014a, b) の論考（「日本語コーパスに見られる慣用句の変化可能性」(https://www.kenkyusha.co.jp/uploads/lingua/prt/13/IshidaPriscilla1407.html)，「日本語コーパスに見られる慣用句の用法」(https://www.kenkyusha.co.jp/uploads/lingua/prt/13/IshidaPriscilla1406.html)）や，BCCWJ に含まれる学校教科書のリーダビリティと語彙レベルの計量的分析を学年別，科目別などから詳細に調査した李 (2019) などがある．また，長谷川 (2014) でも指摘されているように，BCCWJ の「文書構造タグ，特に文タグ」(p. 23) の修正が必要であるなど，いくつかの問題点も既に指摘されている．なお，レキシカルプロファイリングという手法を用いたコーパス検索システム NINJAL-LWP for BCCWJ (NLB) を活用すれば，「名詞や動詞などの内容語の共起関係や文法的振る舞い」を網羅的に調査することが可能となる (https://nlb.ninjal.ac.jp/)．同システムを利用した日本語のウェブサイトから収集して構築した約 11 億語を誇る『筑波ウェブコーパス』(Tsukuba Web Corpus: TWC) の NINJAL-LWP for TWC (NLT) も有名である．[11]

1.3.2. 歴代のコーパス分析ツール

次にこれまでに開発されたコーパスを検索・分析するためのツールを概観する．まず，1996 年からコーパス・コンコーダンサー (concordancer) のトッ

---

[11] NLB や NLT を開発した Lago NLP（旧 Lago 言語研究所）代表の赤瀬川史朗先生との私信によれば（2021 年 12 月 20 日），「ツール」と「システム」という二つの語をはっきり区別して使っているわけではないが，ユーザ側から見ると「ツール」で，開発する側からみると「システム」ではないか，という貴重なご意見を頂いた．よって，この意見を参考にし，本書においてもこの二つの語を文脈によって使い分けることにした．

プランナーとして走り続けている Mike Scott 氏が開発した WordSmith Tools
(https://lexically.net/wordsmith/) を紹介する．現在のヴァージョンは 8.0 で
あり，OS は Windows のみで動く．コンコーダンスラインを表示し検索語の
前後に生起する語をソート（並べ替え）する Concord，キーワード（特徴語）
を機械的に抽出する KeyWords，コーパスの語彙表を自動作成する WordList
などの機能が搭載されている．WordSmith Tools は有償である．

　次に AntConc (Anthony, 2020) に代表される Ant シリーズを紹介する．
Ant シリーズのツールはいずれも無償で公開されており，OS は Windows,
Macintosh, Linux で動く．また，頻繁にアップデートされ機能も充実してい
ることから，これら搭載された機能を全て使いこなすには，ある程度の慣れと
知識が必要となる．例えば，本書執筆時に利用できた AntConc (Ver.3.5.9) で
は，キーワード抽出時に扱える統計指標にカイ二乗検定のイェーツ補正があっ
たり，効果量（effect size）が算出できたりと，近年のコーパス言語学の知見
が十二分に反映された機能を持っている．なお，パラレルコーパスを構築した
り検索したりする上で重要となる日本語文を自動で分かち書きしてくれる
SegmentAnt や，パラレルコーパス専用コンコーダンサー AntPConc (Antho-
ny, 2017) も無償で公開されている．

表 1-2. Ant シリーズの各ツール（計 17 種）(https://www.laurenceanthony.
　　　　net/software.html から部分的に引用)

	ツール名	説明
1	AntConc	A freeware corpus analysis toolkit for concordancing and text analysis.
2	AntCorGen	A freeware discipline-specific corpus creation tool.
3	AntFileConverter	A freeware tool to convert PDF and Word (DOCX) files into plain text for use in corpus tools like AntConc.
4	AntFileSplitter	A freeware text file splitting tool.
5	AntGram	A freeware n-gram and p-frame (open-slot n-gram) generation tool.
6	AntMover	A freeware text structure (moves) analysis program.
7	AntPConc	A freeware parallel corpus analysis toolkit for concordancing and text analysis using UTF-8 encoded text files.
8	AntWordProfiler	A freeware tool for profiling the vocabulary level and complexity of texts.
9	AntCLAWSGUI	A front-end interface to the CLAWS tagger developed at Lancaster University, UCREL.

10	EncodeAnt	A freeware tool for detecting and converting character encodings.
11	FireAnt	FireAnt (Filter, Identify, Report, and Export Analysis Toolkit) is a freeware social media and data analysis toolkit with built-in visualization tools including time-series, geo-position (map), and network (graph) plotting.
12	ProtAnt	A freeware prototypical text analysis tool.
13	Picture Vocabulary Size Test (PVST)	A receptive vocabulary size test designed primarily for young pre-literate native speakers up to eight years old and young non-native speakers of English.
14	SarAnt	A freeware batch search and replace tool.
15	SegmentAnt	A freeware Japanese and Chinese segmenter (segmentation / tokenizing) tool.
16	TagAnt	A freeware (non-commercial) Part-Of-Speech (POS) tagger built on TreeTagger.
17	VariAnt	A freeware spelling VariAnt analysis program.

1.3.2.1. AntConc の機能

ここで，AntConc の機能をいくつか簡単に紹介したい．まずは Concordance 機能である．図 1-1 は，Brown コーパスと Frown コーパスから I love you を検索し抽出した 12 例のコンコーダンスラインを示す．ソート（Sort）は 1R，2R，3R の順に指定している．図 1-2 は Regex（正規表現）にチェックを入れて，アルファベット大文字 3 文字から構成される acronym（頭字語）を抽出した結果である．[A-Z] で大文字のアルファベット 26 文字のいずれかが生起することを指定しており，これを三つ並べ，その前後に半角スペースを入れている（例．_[A-Z][A-Z][A-Z]_）．また，Global Settings の Wildcards（ワイルドカード）にも記されているように，AntConc では各種記号を使って複雑な検索をすることもできる．例えば，a|an とすれば a と an の両方を検索することができ，?*ed # dead と検索すれば語尾が ed で終わる表記語の直後に何かしら一語が生起し，その直後に dead が生起する用例を抽出することができる．? は 1 文字を表し，* はその繰り返しを表し，# は一語を表す．

図 1-1. AntConc の機能 1a: Concordance（右側ソート）

図 1-2. AnctConc の機能 1b: Concordance（Regex 検索）

　次は Concordance Plot である．検索した語が，各ファイルのどのあたりに
生起しているのかを視覚化してくれる機能で，以下は love を Brown コーパ
スと Frown コーパスで検索した結果を示す．バーの左がテクストファイルの

18

開始地点，右が終了地点を示す．ファイルによって，各テクスト中の love の出現頻度や出現位置にばらつきがあることが分かる．

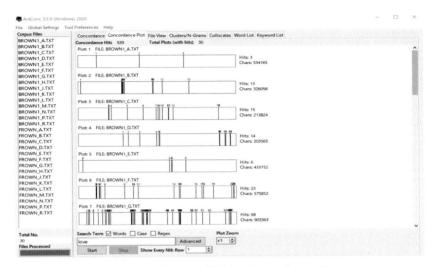

図 1-3. AntConc の機能 2: Concordance Plot

　次は File View である．こちらは Concordance 画面で表示されたいずれかの文をクリックすることで，その文を含む元のテクストファイルの該当箇所に瞬時にジャンプしてくれる機能である．談話分析など，実際の文脈を調査したい場合に重宝する機能である．

図 1-4. AntConc の機能 3: File View

　次は Clusters／N-Grams である．検索語の N-Grams （機械的に抽出した連語）を表示してくれる．図 1-5 は，検索語 love とその直後に生起する語との bi-gram（2 語連鎖）の結果を頻度順に並べたリストを示す．

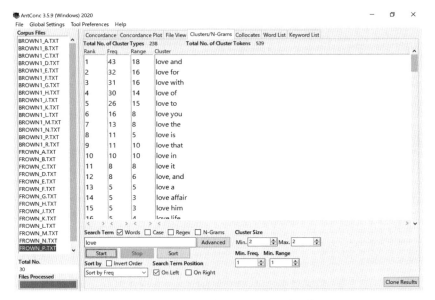

図 1-5. AntConc の機能 4: Clusters / N-Grams

　次は Collocates である．指定した範囲に生起する検索語の共起語を統計的
に抽出し一覧表示してくれる機能である．図 1-6 では，検索語 love の前後 2
語までの位置に生起した語を T スコアに基づき抽出した結果である．他にも
MI スコアや対数尤度比などが Tool Preferences から選択できる．なお，後節
でも詳説するが，共起関係の強さを示す統計指標には「素頻度（raw frequen-
cy）」，「共起頻度比」，「MI スコア（Mutual Information score）」，「T スコア
（T-score）」，「Z スコア（Z-score）」，「対数尤度比（Log-likelihood score / G
score / G2 score）」，「log-log スコア」，「ダイス係数」，「カイ 2 乗値（の Yeats
補正式）」（Hunston 2002; Sinclair, Jones & Daley 2004）などがあり，T スコ
アは素頻度の情報がある程度反映されるのに対し MI スコアは低頻度語に反応
しやすいなど，各々の指標にはそれぞれ特徴がある（仁科，2014a）．

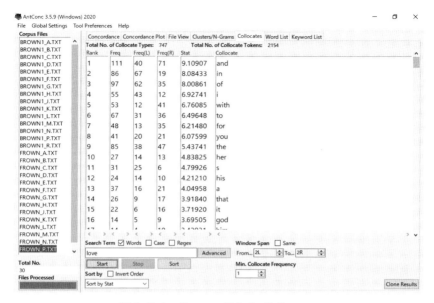

図 1-6. AntConc の機能 5: Collocates

　次は Word List である．その名の通り，Word List はコーパス中に出現した語の頻度リストを作成してくれる機能である．Lemma List を使うことで，表記系の語のみならずレマ単位で語彙リストを自動生成してくれる．図 1-7 は，Someya Lemma List（元関西大学教授染谷泰正氏によって開発されたレマリスト）を使って Brown コーパスと Frown コーパスのレマ単位の語彙リストを生成した結果を示す．なお，Francis & Kučera（1982, pp. 3-4）を参考に，齊藤他（2005, pp. 124-125）では，表記語（graphic word），レマ（lemma），基底形（base form），屈折形（inflected variant），異綴り（spelling variant）について詳説されているのでそちらも参考にされたい．[12]

---

[12] 表記語とはありのままの形の語を指し，語を構成する文字が少しでも異なれば異なる表記語となる（例．Love と love）．レマとは同じ語幹と意味を持つ表記語の集合を指し，見出し語とも呼ぶ．意味や品詞が異なれば，レマも異なる．基底形は，レマに属する語の中で屈折していない語幹のみのものを指す．屈折形とは，その名のとおり屈折した形を言う．異綴りは，文法機能や意味は変わらないが綴りが異なる表記語を指す．詳しくは，齊藤他（2005）を参照されたい．

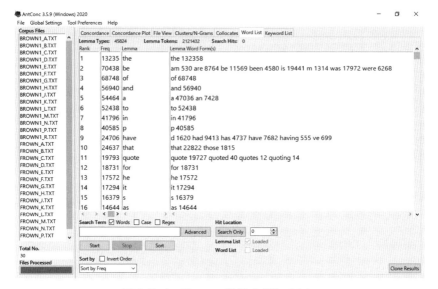

図 1-7. AntConc の機能 6: Word List

　最後に Keyword List の機能を紹介する．Keyword List とは特定のコーパ
ス中で使われている特徴的な語を抽出するための機能である．この抽出にあ
たっては，比較するための参照コーパス（reference corpus）が必要であり，
Tool Preferences で設定することができる．図 1-8 では，特徴語抽出のための
統計指標として Log-Likelihood スコア（対数尤度比）が選択され，参照コー
パスに LOB コーパスと FLOB コーパスが選択されている．効果量の各指標
なども指定できるようになっている．結果，図 1-9 では Brown コーパスと
Frown コーパスの特徴語が抽出されている．Brown コーパスと Frown コー
パスはどちらもアメリカ英語の書き言葉コーパスであることから，アメリカ英
語 特 有 の states, state, frown, center, american, labor, clinton, bush,
president, washington などが抽出されていることが分かる．例えば，states
は United States of America から，center はアメリカ英語特有の綴り（イギリ
ス英語では centre），Clinton や Bush などもアメリカの歴代大統領の名前で
ある．よって，見事にアメリカ英語で構成されている Brown コーパスと
Frown コーパスの特徴語が抽出されていると言えよう．

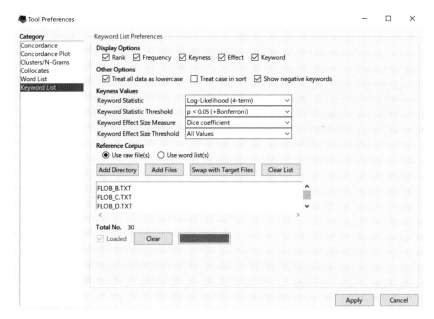

図 1-8. AntConc の機能 7: Tool Preferences（Keyword List）

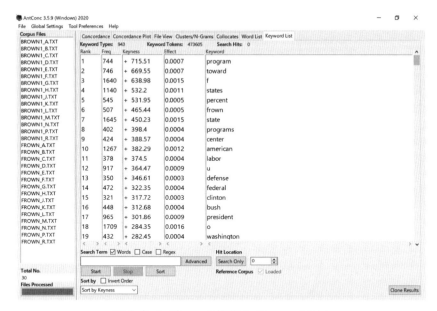

図 1-9. AntConc の機能 8: Keyword List

1.3.2.2. Sketch Engine の機能

　次 に Sketch Engine: Create and search a text corpus（https://www.sketchengine.eu）を紹介する．Sketch Engine は，Adam Kilgarriff 氏によって開発されたコーパス検索のためのオンラインプラットフォームで，世界中の様々な言語のコーパスを収録している．また，Sketch Engine では，他のスタンドアローンのコンコーダンサーにも実装されている Concordance 機能や Word List 機能以外に，検索語のコロケーション情報を一覧表示する Word Sketch や，シソーラス情報を提供してくれる Thesaurus，類義語間の共通性と異なりを提示する Sketch Difference などの特有の機能があり，今までのコンコーダンサーツールとは一風変わった言語情報を提供してくれる（詳しくはスルダノヴィッチ・仁科，2008 を参照）．特に，Word Sketch は秀逸であり，検索語の修飾語や目的語，主語，並列関係にある語などをカテゴリーごとにリスト化してくれるため，知りたい言語情報を視覚的に見つけやすいという利点がある（図 1-10 参照）．また，Word Sketch Difference においては，異なる

二つのレマにおける共起語の違いを視覚的にカラーで表示してくれる．図
1-11 では，正反対の感情を意味する love と hate の共起語において，先ほど
示したカテゴリーごとにどのような共起語が love に好まれ，あるいはどのよ
うな共起語が hate に好まれるかが示されている．例えば，love の目的語には
story や God が生起しやすいのに対して，hate の目的語には sin や crime な
どが生起しやすいことがこの結果から分かる．

図 1-10. Sketch Engine: Word Sketch（enTenTen20 コーパスを使用）

図1-11. Sketch Engine: Word Sketch Difference（enTenTen20コーパスを使用）

　他の機能として Thesaurus では，コーパス内から同じような意味合いで使用されている語を自動的に抽出し，一覧表示してくれる．図 1-12 は enTen-Ten20 コーパス[13] で Thesaurus を用いて作成した動詞 love の類義語リストである．図 1-13 はそれを視覚的に示した Bubble　Chart である．他にも色々機能があるので是非試して頂きたい．

---

[13] enTenTen の正式名称は English　Web　corpus　2020 であり，ウェブ上から収集された英語のテクストにジャンル情報などが付与された 360 億語のコーパスのことを指す．詳しくは，Sketch　Engine の Web サイト上の enTenTen 解説ページを参照されたい（https://www.sketchengine.eu/ententen-english-corpus/）．

Word	Frequency	Word	Frequency	Word	Frequency	Word	Frequency
like	12,885,810	care	2,927,861	teach	5,635,577	need	32,233,085
enjoy	8,006,313	think	33,426,830	hear	9,937,104	let	12,658,803
remember	6,744,425	mean	15,976,352	tell	18,954,496	welcome	2,348,703
want	29,942,383	feel	17,150,637	miss	4,872,311	approach	2,115,592
forget	3,323,039	learn	14,572,158	suggest	6,956,006	realize	3,599,606
prefer	2,047,375	talk	8,081,900	mention	5,160,310	discover	4,476,195
hate	1,669,173	choose	8,824,354	inspire	2,406,079	prepare	5,646,042
believe	11,707,098	understand	10,293,963	embrace	1,152,233	share	7,435,624
appreciate	2,317,244	imagine	2,671,754	become	24,846,258	trust	1,883,138
hope	6,698,486	encourage	4,369,441	ask	15,858,330	intend	3,158,726
try	19,663,818	desire	1,878,365	expect	9,296,109	attempt	2,763,948
wish	4,272,153	experience	4,428,165	watch	6,886,921		
notice	3,267,713	know	46,422,875	recommend	4,688,309		

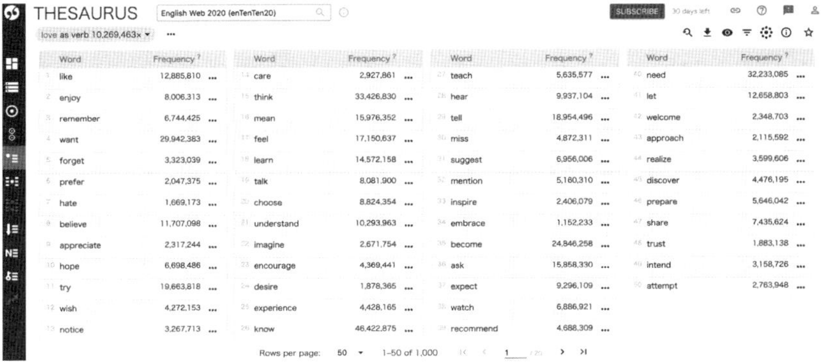

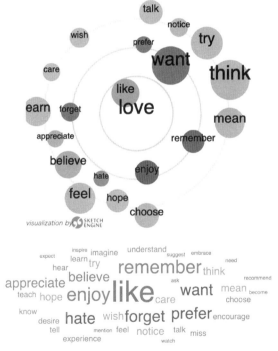

図 1–12. Sketch Engine: Thesaurus（enTenTen20 コーパスを使用）

図 1–13. Sketch Engine: Thesaurus の視覚化

1.3.2.3. その他のツール

　その他のツールとして，大阪大学の今尾康裕氏が開発した Mac OS X 専用のコンコーダンサー CasualConc に代表される Casual シリーズがある．テープ起こしをアシストする CasualTranscriber や，Mac OS X 上で動くパラレルコンコーダンサー CasualPConc，5 つまでのパラレルコーパスを扱うことができる CasuialMultiPConc，EngTagger と rbtagger を利用したタガーである CasualTagger，テクスト情報を含むファイルからテクスト部分のみを抜き出すアプリケーション CasualTextractor，形態素分析エンジン MeCab を使って日本語を分析するソフト CasualMecab，IPA の文字入力をアシストするアプリケーション IPATypist などがある．CasualConc の新バージョン（2.0 以降）では，統計環境 R をインストールすることで，統計的な分析や作図が可能となっている．一般ユーザーには敷居の高かった R を使った多変量解析（multivariate analysis）なども簡単に行うことができる．これらは筆者もお世話になっているツールであり，コーパスを用いた高度な言語分析が可能である．CasualPConc については後ほど改めて触れることにしたい．

　他にもランカスター大学の Paul Rayson 氏が開発した Wmatrix（http://ucrel.lancs.ac.uk/wmatrix/）には，Frequency Profiles, Concordances, Collocations, Key Words, Key POS, Key Domains などの機能がある．Frequency Profiles は他のコンコーダンサーでいうところのワードリスト作成機能を指す．また，Wmatrix が画期的なコーパス検索ソフトとして注目されるようになった背景の一つは，他のコンコーダンサーにはない Semantic Tag（意味タグ）を使った分析にあり，例えば Key Domains では，分析対象とするコーパスを特徴づける意味領域をデータで可視化してくれる．現在の最新版は，2021 年に開催された Corpus Linguistics 2021 の国際大会で発表された Ver.5 である．

図 1-14. Wmatrix: Key Domains（Wmatix ウェブサイトからの引用）

　他にも MonoConc Pro（https://monoconc.com/）や TXTANA（https://
www.babel-edu.jp/mtsg/corpus/textana/textana.htm）など筆者も院生時代に大
変お世話になった数々のコンコーダンサーがあるが，いずれも実装されている
機能は類似しており，これまでに紹介したコーパス分析ソフトが現在のコーパ
ス言語学の最先端の分析ツールであると言えよう．

1.3.3.　英語コーパス学会誌『英語コーパス研究』にみる国内のコーパス研究の動向

　英語コーパス学会設立 20 周年を記念して，ひつじ書房から公刊された『英
語コーパス研究シリーズ』の全 7 巻（堀・赤野（監），2015-2019）の内容を参
考にすると，少なくとも英語に特化したコーパス活用研究には，英語という言
語の実態に焦点を当てた英語研究，その教育的利用に特化した英語教育研究，
辞書の編纂への関わりに注目した辞書に関する研究，語法・文法研究などの方
法論やその活用可能性，英語文体論研究，英語史研究などがある．このよう
に，今となってはコーパスを活用した多領域に亘る研究が至極一般的となって

いるが，歴史的にその変遷を見ていくと初期の頃はそうではなかった．ゆっくりとではあるが着実に裾野を拡げていったのである．そこで，本節では，国内における唯一のコーパス言語学の学術雑誌でもあり，1994 年に発行を開始した『英語コーパス研究』の全号を概観し，現在までに日本国内でどのようなコーパス研究が行われてきたのか，その軌跡をまとめる．

　1994 年に第 1 号が発刊されてからの 6 年間となる 90 年代の間は，いわゆる文法・語法研究や新しいソフトウェアの紹介，辞書学的見地からのコーパス活用研究などが掲載論文の大半を占めていたが，少数ながらも文体論研究（西村，1996 など）や英語史研究（保坂，1996 など）も散見された．特に研究論文のみならず，この時代はコーパス言語学が急成長した時代でもあったため，新たに構築されたコーパスの紹介（齊藤，1994; 水野，1996 など），コンコーダンサーなどの検索ツール（井上，1995; 塚本，1997; 岡田，1998 など）や形態素解析ソフトフェアの紹介（園田，1996），コーパスを徹底活用した辞書 Collins COBUILD の CD-ROM に関する紹介など，多様な研究やコーパス利用方法，またはそれに付随する研究ノート的なものが多数公開されている．1997 年の第 4 号ではインターネット特集と題して，インターネットの到来による言語研究活動への活用事例が紹介され（西納，1997; 朝尾，1997; 岡田，1997 など），1998 年の第 5 号では筆者も愛用していた英文検索・分析ツール TEXTANA が紹介された（岡田，1998）．第 6 号では英語の特定の語に関する史的変化に関する研究（山崎，1999）や Dickens 作品の言語使用に関する研究（Hori，1999）などが発表された．

　2000 年に入ってからはコーパス研究の勢いは留まることを知らない．第 7 号では British National Corpus に関する論考が Geoffrey Leech 氏から寄稿され（Leech，2000），コーパスと親和性の高い形態論研究 *ed*-adjective の形成条件に関する研究（國森，2000）なども発表され，2001 年には D. Biber 氏と R. Reppen 氏からそれぞれ英文法研究と言語教育におけるコーパス活用の恩恵が事例紹介と共にまとめられている（Biber，2001; Reppen，2001）．また，同じ第 8 号においては，口語英語研究のための洋画セリフコーパスの作成（井村，2001），TXTANA Standard Edition の紹介（赤瀬川，2001）も発表された．2002 年に刊行された第 9 号では，次章以降で取り上げるパラレルコーパス研

究に関する論考を中心に，Aijmer 氏による寄稿も併せて（Aijmer, 2002）8 本掲載されており，計量的観点から翻訳テクストを分析することの醍醐味がぎゅっと凝縮された内容となっている．特に，日英再帰形の分析（清水・村田，2002）や，身体部位表現における日英の視点の異なりに関する研究（岡田，2002），翻訳的観点からみた語りの when 節の意味的特徴（田中，2002）など，パラレルコーパスが記述言語学に貢献しうる事例研究が紹介されており，パラレルコーパスの可能性が具体化された貴重な特集号である．

　2003 年以降は，『英語コーパス研究』で発表された論文の数が飛躍的に増え，その多くが言語学的論考に偏重しているものの，数は少ないが言語教育に関するコーパス研究も小林（2003）や Fujiwara（2003）などで発表されている．小林（2003）では，日本人英語学習者の書き言葉における maybe, perhaps, probably の使用実態について調査しており，本来口語表現である maybe が書き言葉においても多用されている点など，母語話者とは異なる使用傾向を明らかにした．Fujiwara（2003）では，日本人英語学習者の原因と結果を結ぶ接合詞（conjuncts）の書き言葉における使用に関して調査している．また，辞書学的見地から分析した吉村（2004）の学習英和辞典における -ly 副詞の記述に関する考察や，小林（2005）の学習者コーパスを利用した have のコロケーション分析なども英語教育に関連する内容である．そして，コーパス研究における統計利用に注目した研究なども徐々に増え始め，中條他（2005）による時事英語資料の特徴語選定に関する研究では，対数尤度比，イエーツの補正公式，カイ二乗値，補完類似度，自己相互情報量，コサイン，ダイス係数といった統計指標を活用した場合の算出結果の異なりに注目している．Kamitani（2006）や後藤（2006）では多変量解析の一種である対応分析を用いて BNC のテクスト類型などを可視化した．なお，数は少ないが，パラレルコーパスの英語教育利用に関する Chujo et al.（2006）やパラレルコーパスの活用による辞書記述の改善に関する仁科（2008a）などの研究も見られた．日本語コーパスやフィンランド語などの他言語コーパスに関する近年の動向についても前川（2008），千葉（2008），大和田（2008），藤村（2008）で紹介されている．

　2010 年刊行の第 17 号からは，英語コーパス学会の公式ウェブサイト（https://jaecs.com/index.html）において掲載論文の概要が一般公開されるよう

になった．内容が一層パワフルになり，シンポジウムの内容をまとめたコーパスと統計で解き明かすポリティカルディスコース（石川，2010; 田畑，2010 など）や BYU-Corpora を中心としたフリーオンラインコーパスの活用研究（新井，2010 など），新しい統計指標の提案に関する研究（小島，2010），アカデミックディスコースの研究（中谷・清水，2010; 中谷他，2011; 中谷，2012; 中谷，2013），日本の EFL 教室におけるデータ駆動型学習（DDL: Data Driven Learning）の利用に関するメタ分析 Mizumoto & Chujo (2015)，英語学術論文支援ツール開発に向けた研究（水本他，2016），アメリカ大統領のスピーチを分析した Sugiyama & Kiyama (2017) や Kiyama (2018)，文芸作品の計量的分類に迫った木村（2017），ホテルの公式ウェブサイトに掲載されている概要のムーブ分析（Kondo, 2018），Ant シリーズのツールを使ったケーススタディ（Asano, 2018），live と lead が形成する動詞句の意味的特徴に関する研究（金澤，2020），アメリカ英語の be bound to の準助動詞化の過程に関する研究（家口，2020），日英パラレルコーパスを活用した和英辞典記述改善に関する研究（仁科，2020），航空会社の企業プロフィールをムーブ分析と形容詞のふるまいから分析した研究（Nishina, 2021）など，国内の（英語）コーパス研究は着実に進化・発展し，談話分析やツール開発の研究の数が増え，研究の幅や多様性が大幅に増した印象を受ける．今後は，日本から海外へより一層質の高いコーパス研究が逆輸入方式で発表されることが期待される．

　最後に，『英語コーパス研究』の初号から第 28 号までに掲載された論文や書評などの全記事の種別や合計数をグラフ化したものを順に示す．図 1-15 および 1-16 の結果から，全体的に同雑誌に採択された記事の数が減少傾向にあることが分かる．この大きな理由としては，この 28 年間の中で特に掲載数の多かった年度については，大型のシンポジウムが企画され，その講演内容や関連するトピックの論考などの記事が多数掲載されていたという編集上の背景がある．つまり，研究大会が盛り上がれば，（編集方針にもよるが）翌年に刊行される同機関紙の掲載記事の充実化を図ることができるのである．その意味においては，直近の 10 年間の記事掲載数の減少から，今後は母体となる英語コーパス学会がより研究大会の内容を充実させていくことで，英語コーパス研究もより深化・拡充していくであろう．

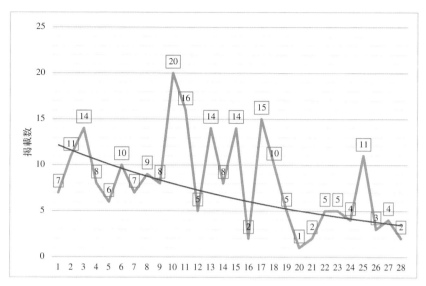

図 1-15. 『英語コーパス研究』 28 年の軌跡 1：掲載記事数 (論文，書評など全て含む) の経年グラフ

1.4.　コーパス研究で扱う統計指標について

　次に，本節では，コーパス研究の中でも量的分析時に欠かせない統計指標について概観する．前節で紹介したように，過去のコーパス研究の大半は統計的手法を用いて分析・調査しており，たとえ質的分析を主とする研究であったとしても，はじめに 1 次調査として量的分析を実施することが一種の前提条件になりつつある．これは認知言語学における quantitative turn （量的転回） (Janda, 2013)[14] のように，多くの言語学分野に見られるパラダイムシフトであると言えよう．

---

[14] Janda （2013） や松本 （2021），宇野 （2021） を参考にすると，認知言語学の方法論の転換期が 2008 年頃に訪れ，内省のみによる研究から，コーパスの活用や（心理）実験の実施などが重視されるようになった．この言語分析に関する一種のパラダイムシフトを quantitative turn （量的転回）と呼ぶ．

34

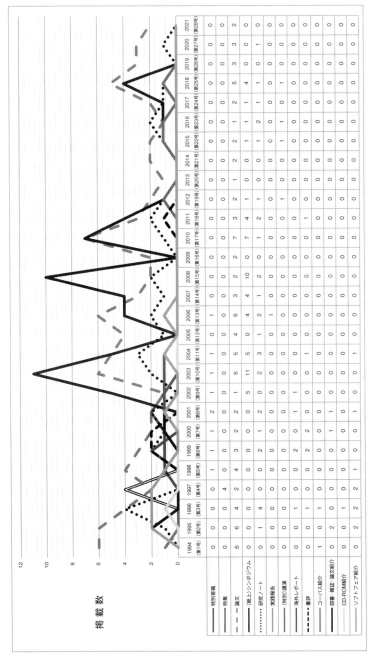

図1-16. 『英語コーパス研究』28年の軌跡2：掲載種別ごとの経年グラフ・表

掲載数

	1994 (第1号)	1995 (第2号)	1996 (第3号)	1997 (第4号)	1998 (第5号)	1999 (第6号)	2000 (第7号)	2001 (第8号)	2002 (第9号)	2003 (第10号)	2004 (第11号)	2005 (第12号)	2006 (第13号)	2007 (第14号)	2008 (第15号)	2009 (第16号)	2010 (第17号)	2011 (第18号)	2012 (第19号)	2013 (第20号)	2014 (第21号)	2015 (第22号)	2016 (第23号)	2017 (第24号)	2018 (第25号)	2019 (第26号)	2020 (第27号)	2021 (第28号)
特別寄稿	0	0	0	0	0	0	1	2	1	1	1	1	0	0	0	0	0	0	0	0	0	0	0	0	0	0	0	0
特集	0	0	0	4	0	0	0	0	0	0	0	0	0	0	0	0	0	0	0	0	0	0	0	0	0	0	0	0
論文	6	6	4	2	4	3	2	2	1	6	5	4	6	3	2	2	7	3	2	1	2	2	1	2	5	3	3	2
(誌上)シンポジウム	0	0	0	0	0	0	0	0	5	11	5	0	4	4	10	0	7	4	1	0	0	1	1	1	4	0	1	0
研究ノート	0	1	0	0	2	1	2	2	0	2	3	1	2	1	0	1	0	2	1	0	0	2	2	1	0	1	0	0
実践報告	0	0	4	0	0	0	0	0	0	0	1	0	1	0	0	0	0	1	0	0	0	0	0	0	0	0	0	0
(特別)講演	0	0	0	0	0	0	0	0	0	0	0	0	1	0	0	0	0	0	1	0	0	1	1	0	1	0	0	0
海外レポート	0	1	1	0	0	2	2	1	1	0	0	0	0	0	0	0	0	1	0	0	0	0	0	0	0	0	0	0
書評	0	0	0	0	0	0	0	0	0	0	0	0	0	0	0	0	0	0	0	0	0	0	0	0	0	0	0	0
コーパス紹介	1	0	1	0	0	0	0	0	0	0	0	0	0	0	0	0	0	0	0	0	0	0	0	0	0	0	0	0
図書・雑誌・論文紹介	0	2	0	0	0	0	1	1	0	0	0	0	0	0	0	0	0	0	0	0	0	0	0	0	0	0	0	0
CD-ROM紹介	0	0	1	0	0	0	0	0	0	0	0	0	0	0	0	0	0	0	0	0	0	0	0	0	0	0	0	0
ソフトウェア紹介	0	2	2	2	1	0	0	1	0	1	1	1	0	0	0	0	0	0	0	0	0	0	0	0	0	0	0	0

　統計を用いた分析を苦手とする文系研究者は少なくないが，言語学や言語教育の研究においては，収集したデータを客観的に分析しエビデンスを提示する上で，統計の知識は必要不可欠であると言える．本節では，中でも近年，言語学や言語教育の分野で頻繁に用いられ，コーパス分析においても頻繁に扱われる代表的な統計指標について解説する．

　あるコーパスで特定の語・句，表現，構文などをコンコーダンサー（あるいは関連するコーパス分析ツール）を使って検索すると，その言語項目の具体的な用例と共に頻度情報を得ることができる．この頻度情報にどの程度の意味があるのかを客観的に指し示すのが統計指標である．コーパス言語学では特に，ある語とある語の結びつきの強さや，コーパス A とコーパス B における検索語 X の頻度の違いの信頼性など，語間のつながりとコーパス間の比較を客観的に測りたい場合に統計が用いられる．あるいは，複数のコーパス間（あるいはテクスト間）の類似性を，共通に出現する語彙頻度の情報をまとめた語彙頻度プロファイルを作成し，多変量解析という手法を用いて二次元プロット（あるいは三次元プロット）上に散布図を描き可視化させることで分析を手助けするといった手法もある．

　以下，まず共起関係の特定や特徴語の抽出時に用いる統計指標は 1.4.1 節で，複数のテクスト間の類似性の調査などで取り扱う多変量解析については 1.4.2 節で詳説する．1.4.3 節ではその他の統計手法として，決定木と潜在的意味解析について触れる．最後に 1.4.4 節では，コーパス検索の結果獲得した膨大な言語データから，分析対象とするデータを自動的に取捨選択することで，分析時間を短縮化するためのサンプリングの方法についても概観する．

1.4.1.　共起関係や特徴語抽出のための統計指標について

　コーパスを用いた言語分析は，調査対象となる語や句，表現といった言語項目の素頻度（raw frequency）を算出することからはじまる（コーパス言語学では，単なる頻度のことを素頻度あるいは粗頻度と呼ぶことが多い）．コーパス言語学や辞書学で頻繁に話題となる共起語の抽出においては，英国バーミンガム大学教授の Susan Hunston 氏（元英国応用言語学会会長）も述べるように，素頻度は最も単純な量的指標ではあるが，その頻度情報を見るだけでも，検索

語・句やパタン，テクストなどの傾向を読み取るには十分であることを指摘している（私信，2009年9月9日）．しかしながら，大まかな傾向を把握するのと，客観的にその傾向の確からしさを検証することの意味は異なる．Hunston & Thompson（2000）の evaluation in text（テクスト中における書き手の心的評価）の研究や Hunston & Frances（2000）の pattern grammar（パタン文法）の研究など，Hunston の研究は素頻度に基づいた質的分析が多いが，コンコーダンスラインに隠されている真の言語情報を読み取る読解力やディスコースの分析力など，彼女自身に備わっている言語直感力が鋭く働くことによって，統計指標を参照しなくても頻度情報と内省のみで導き出された考察結果には一定の信頼性があると言える．

Hunston のように英語母語話者でディスコース分析や記述言語学に長けた者であれば，一般人よりも鋭い言語直感が働くわけであるが，日本人などの非英語母語話者には（英語の）母語直感が生得的に備わっていないため，その代わりとなる客観的な判断材料が言語分析時に必要となる．そのような判断材料を効率的且つ自動的に獲得することが出来るのがコーパスであることから，コーパスは非英語母語話者の最強の味方であると言っても過言ではない．[15] 統計指標を用いて計量的にコーパスの言語情報を可視化することで，それが客観的で最高の前菜となり，その後の質的分析がより意味のある主菜となるわけである．また，机上の言語学とは異なり，コーパスが齎した最大の恩恵は，非母語話者の視点から言語の実相を逆に母語話者に問いかけることが可能となった点にある．英語コーパス研究については，非英語母語話者である日本人研究者の視点から，逆輸入方式で新たな知見を提供した "English Corpora under Japanese Eyes"（Nakamura et al., 2004）などは，この代表例であると言える．無論，日本人にも日本語の母語直感はあるが，例えば，日本語で最も使われる語は何かと急に問われて，瞬時に正しい解を即答できるものは少ないであろう．あるいは，日本語動詞「与える」の目的語にはどのような語が共起しやすいか，その上位5語を答えよ，という問いに対しても，正しい解を答えるこ

---

[15] ここは，英語の場合を想定したコメントである．分析対象が日本語であれば，コーパスは非日本語母語話者の最強の味方になり得る．

とが出来るものも少ないであろう．言語の種類にかかわらず，このような問い
に対しては，人間の直感のみに頼っても正解には辿り着けない．むしろ，現代
科学の力，つまりコーパスから得た知見を参照することによって，はじめて知
ることのできる言語事実であり，コーパスのみがその答えを知っていると言え
る．

　辞書とコーパスの関わりに目を向けてみると，英英辞典は1980年代後半か
ら，英和辞典は2000年代に入ってから，コーパスに準拠し編纂されるように
なった．一方，国語辞典や日本語辞典においては，コーパス準拠のものは未だ
刊行されていない状況である．ただ，既にコロケーションの抽出や新語義の発
見などにおいて日本語コーパスが活用され始めており，国語辞典の編纂にも多
大に貢献するものと思われる．中でも，砂川有里子氏による論考の「…が冷え
る」と「…が冷める」の特徴的コロケーションの例は分かりやすい．[16] 前者で
は，「身体」「お腹」などの身体部位や「空気」「マグマ」などの物体を表す語と
頻繁に共起して，元の温度・状態から下がったり悪化した状態を指す．一方，
後者では，「ほとぼり」「気持ち」「愛情」などの抽象的な事物を表す語と頻繁に
共起し，高くなった温度や状態を元に戻す意味があるという．このような言語
事実が，日本語コーパスの分析から明らかになりつつある．前述の Nakamura
et al.（2004）などの研究成果においては，英語母語話者の直感に勝る言語分
析の判断材料として，統計指標が豊富に用いられている．

　コーパス言語学では，テクスト中で用いられている特徴的な語の抽出や，あ
る語の共起関係を探る場合の判断材料として統計指標が用いられることは既に
述べた．言語分析に用いる統計指標の比較については，石川（2008a），石川
他（2010）にも手際よい解説があるのでそちらも是非参照されたい．まず，語
のふるまいにはいくつかの種類があるが，最も基本的で古くから注目されてい

---

[16] 国語辞典の編纂における日本語コーパスの活用方法は，研究者 WEB マガジン Lingua
のリレー連載「実践で学ぶコーパス活用術28: コーパス準拠の日本語学習辞書―オンラインの
辞書と辞書開発支援ツール―」(https://www.kenkyusha.co.jp/uploads/lingua/prt/15/Sunakawa
Yuriko1601.html) と「実践で学ぶコーパス活用術29: コーパス準拠の日本語学習辞書―多義
語の語釈と語義の配列順―」(https://www.kenkyusha.co.jp/uploads/lingua/prt/15/Sunakawa
Yuriko1602.html) を参照されたい．特に，NINJAL-LWP for BCCWJ (NLB) と NINJAL-
LWP for TWC (NLT) の活用方法は分かりやすい．

るのが語の共起関係，つまりコロケーションである．コロケーション（collo-
cation）とは，端的に言えば，ある語と別の語との結びつきの関係を示す．辞
書や英語学習参考書などの記述においても重要視される言語単位であり，言語
をより自然に発話・記述する上で重要不可欠な言語知識でもある．Sinclair et
al. (2004) は，コロケーションには，コーパス中に 1 回しか出現しないような
偶発的コロケーション（casual collocation）と，計量的にある程度の傾向性が
認められる有意なコロケーション（significant collocation）の 2 種類が存在し
ていると指摘する．語法調査を除き，言語学・言語教育で扱うコロケーション
とは，後者の有意なコロケーションを指すのが一般的である．共起関係の強さ
を示す統計指標には「T スコア (T-score)」，「MI スコア (Mutual Information
score)」，「対数尤度比 (Log-likelihood score / G score / G2 score)」，「Z スコア
(Z-score)」，「log-log スコア」，「ダイス係数」，「LD (LogDice) スコア (Log-
Dice score)」，「カイ 2 乗値（の Yeats 補正式）」(Hunston, 2002; Sinclair et
al., 2004) などがある．本書執筆時に利用可能であった AntConc (Ver. 3.5.9)
の Collocates の機能においては，T スコア，MI スコア，対数尤度比などの
選択が可能である．各統計指標にはそれぞれ特徴があり，例えば，T スコアは
量的に顕著な共起語を，MI スコアは意味的に特異な共起語を抽出したい場合
に参照すればよい (Hunston, 2002)．特に，前者では高頻度語が，後者では低
頻度語が過度に評価されやすいといった傾向がある．また，オンライン上で大
規模日本語コーパスを検索することのできる NINJAL-LWP for TWC には，
共起語抽出のための統計指標として，素頻度，MI スコア，LD スコアが実装
されており，各スコア順に並べ替えることができる．赤瀬川他 (2016) による
と，LD スコアの方が MI スコアよりも頻度情報が反映されやすいことが指摘
されている．[17] つまり，このような各統計指標の特徴を把握した上で，結果を
比較しながら言語分析に活用する必要があり，指標が異なれば抽出される共起
語も変わることについては十二分に留意する必要がある．
　統計指標は，中心語や共起語の総頻度，母データとしてのコーパスの総頻度

---

[17] MI スコアは低頻度語に反応し，T スコアは素頻度情報そのものに反応しやすいといった
報告もある．また，対数尤度比は対数をとることから，算出された統計値が圧縮されて言語分
析で参照しやすいなどの特徴もある．

などを用いて算出する．各々特徴が異なることから，研究の目的に応じて，（ブラックボックスのままにせず）可能な限りそのアルゴリズムを理解して使い分けることが望ましいが（石川，2006），まずは大まかな特徴を把握することが言語分析時に用いる上での最低条件となろう．以下は，石川（2012, pp. 124-130）を参考に，MI スコア（Mutual Information: 相互情報量），ダイス係数，G²（対数尤度比），T スコアの公式を示す．いずれの統計指標も，ある語とその共起語が「どの程度偶然ではなく共起しているのか」という点において，その確信性や強さを示す指標であるが，厳密には，MI スコアやダイス係数は共起強度[18] を表す指標であり，G²（対数尤度比）や T スコアは共起の有意性[19] を表す指標である．

$$MI = \log_2 \frac{F \times N}{X \times Y} \qquad D = 2 \times \frac{F}{X \times Y}$$

$$G^2 = 2 \times \Sigma\, 実測値\,(\log_e 実測値 - \log_e 期待値) \qquad t = \frac{1}{\sqrt{F}}\left(XY - \frac{X \times Y}{N}\right)$$

　また，中條・内山（2004）が示すようないくつかの統計指標を融合した考察や，大名（2011）のように T スコアと MI スコアの根本的な違いと取り扱いの注意点など既存の統計指標に関する知見を見直しその精緻な解釈を重要視した研究なども注目に値する．記述のとおり，各統計指標には特徴があり，統計に関する知識が浅い研究者にとっては，研究の目的に応じて各統計指標の大まかな特徴を把握することが重要であるが，理解出来ない部分がある場合には闇雲に用いるべきではない．なお，共起語の抽出時以外にも，単語連鎖の統計的抽出の試みなども行われているが（小山・水本，2010），コーパスの分析自体が本質的に語を対象としていることから，連語のようなより大きな言語単位の量的分析は比較的歴史がまだ浅く発展途上の段階であると言えよう．

---

[18] 共起強度とは，「中心語と共起語の単独頻度をふまえて共起頻度を補正した尺度のことで，コロケーション内での 2 語の結びつきの強さ」（石川，2012, p. 125）を示す．

[19] 石川（2012, p. 128）によれば，共起有意性とは「観測された共起が，偶然による共起確率を超えて，真に意味のあるものになっているかどうかを確認しようとする」ことであり，「観測された共起が全くの偶然によるという仮説を立て，この仮説から手元のデータがどの程度離れているかを統計値によって評価」することを指す．

　2000 年代に入ってからは，杉浦（2001）や石川（2006）など，国内のコーパス言語学者によって，大学院生や統計初心者の文系研究者には敷居が高かった統計処理を容易に実施することができるアプリケーションが公開されるようになった．杉浦（2001）では，CGI ベースの T スコア，MI スコア，Z スコアなどの自動計算システムのウェブ・ページが公開され，同じく石川（2006）では，T スコア，MI スコア，対数尤度比の計算に対応した学習型 Excel シートが公開された．石川（2006）の EXCEL シートは，「入力した値が公式内でどのような位置を占め，どのように計算されているのかが直感的に見えるように配慮」（石川, 2006, p. 13）されており，その教育的貢献は極めて大きい．また，石川他（2010）では，高機能統計分析ソフトウェア Seagull Stat（Windows 専用）が収録されており，後ほど詳説する主成分分析やクラスター分析，数量化 III 類，判別分析，因子分析といった多変量解析を簡単に実施することができる．

　海外においては，ランカスター大学の Paul Rayson 氏が，ウェブベースの対数尤度比自動計算システム（http://ucrel.lancs.ac.uk/llwizard.html）を公開した．さらに，最近では英国ランカスター大学にて開発された Lancaster Stats Tools online（http://corpora.lancs.ac.uk/stats/toolbox.php）においても様々な統計解析が簡単に実行できる（Brezina, 2018 も参照）．ウェブサイトにも，"Lancaster Stats Tools online offers access to powerful statistical tools through a simple 'click and analyse' user interface, into which the data can be directly copy / pasted from a spreadsheet (e.g. Excel or Calc)" とあり，コロケーションの抽出には 12 種もの統計指標を用いることができる（例. MU, MI, MI2, MI3, LL, Z-score, T-score, DICE, LOGDICE, LOGRATIO, MINIMUM SENSITIVITY, DELTA P）．このような統計支援アプリケーションやウェブサイトを活用することで，統計分析が苦手な学生や研究者にとっても，コロケーションを判断するための統計指標の計算が半透明化されることから，統計に関する理解がより深まるであろう．

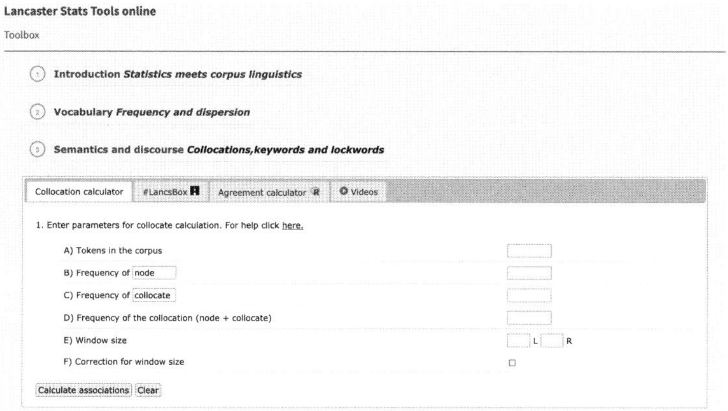

図 1-17. Lancaster Stats Tools Online: Collocation Calculator

　なお，多くのコーパス検索ツールに実装されている特徴語（キーワード）抽出機能では，検索対象となる特定ジャンルのコーパスと，より一般的な（あるいは標準化された）コーパスである参照コーパスとで検索語の生起頻度を比較し，当該コーパス中に出現する特徴語を抽出するという流れになっている．この場合，統計指標には対数尤度比を用いることが多いが，他の統計指標を選択できる場合もある．同様の手法を用いて，石川（2004）では司法関連語彙を，仁科（2007b）では会計関連語彙を，Milton（1998）では英語学習者の使用過多・過少の 4 連語を抽出することに成功している．

1.4.2.　テクスト分析で用いる多変量解析について

　次にコーパス言語学において頻繁に用いられる多変量解析（multivariate analysis）についても簡潔に触れる．近年の言語研究や英語教育研究において，一般的な有意差検定に加えて多変量解析を用いた論文の数は増えつつある．これは人の言語使用や言語教育活動に潜む複雑な事象をシンプルに説明したり予測したりすることを研究目的としているからに他ならない．ただし，多変量解析を有意差検定（χ^2 検定や t 検定）よりも難解と感じている文系研究者も少なくない．あるいは，多変量解析を安易に用いることで，分析結果の解釈に孕んでいる危険性に気づかない研究者もいるであろう．そこで，仁科（2021a）

では，多変量解析の各手法の基本的特徴と注意事項をまとめたが，本節においてもその内容を一部修正し，そのエッセンスを簡潔に紹介していく．前節のコロケーションや特徴語の抽出と同じく，多変量解析においても，各手法のアルゴリズムを正確に理解することが最善ではあるが，仮にそれが難しくても，各手法で取り扱う変数の違いや目的，生成された結果の解釈に関しては必要最低限，把握しておく必要がある．

膨大な言語データを多変量解析にかけることで，今まで母語話者の直感では気づかなかった新たな言語事実が明らかになりつつある．既に50年以上も前に奥野他 (1971) では，「どんな対象についても，その特徴を把握するには多種類のデータを求めるのが普通で，これを多変量・多変数のデータ」(p. 1) と呼び，多変量解析法とは「多変量のデータを的確に評価する手法」(p. 2) であり，「互いに相関のある多変量（多種類の特性値）のデータのもつ特徴を要約し，かつ所与の目的に応じて総合するための手法である」(pp. 2-3) と説明している．これまで多変量解析に関する多くの書籍が刊行されてきたが，奥野の解説が最も端的で分かりやすい．複雑な情報をシンプルに解釈・表示するための分析手法であることから，マーケティング調査をはじめとし，社会学的な調査や計量言語学との相性も良い．ただし，統計ソフトを使えばデータを挿入し複数の選択項目を指定し実行ボタンをクリックするだけで何かしらの結果が自動算出されるため，事前に正しくデータ処理を施し正しい知識を持って算出された結果を解析しなければ，誤った結論を導く可能性も大いにある．

多変量解析には予測の手法として分類される重回帰分析，判別分析，ロジスティック回帰分析，決定木，数量化 I 類，数量化 II 類などと，要約の手法として分類される因子分析，主成分分析，クラスター分析，対応分析（コレスポンデンス分析），数量化 III 類，多次元尺度（構成）法などがある（詳しくは，Oakes, 1998; 仁科, 2021a, 2021b などを参照）．コーパス言語学で多用されるのは後者の多変量解析であり，複雑な情報を統計的に精査しシンプルに表示するための次元縮小法である（なお，前者の決定木については次節を参照）．対応分析と数量化 III 類の原理は同じであるが，扱うソフトによっては，前者は頻度データが扱えるのに対して，後者は 1, 0 のみのデータしか扱えない．なお，要約の手法として用いられる因子分析，主成分分析，クラスター分析では

量的変数を用いるのに対して，対応分析，数量化 III 類，多次元尺度法[20] では質的変数を用いる．以下では，特にコーパス言語学でも頻繁に用いられる因子分析，主成分分析，クラスター分析，対応分析，数量化 III 類を具体的に紹介する．

　コーパス言語学において，多変量解析を使った初期の研究に Biber の一連の研究がある．Biber (1988) では，481 のテクストに出現した動詞の現在時制，過去時制，完了相，非人称の it，場所の副詞，時の副詞，存在の there 構文，一人称代名詞，3 種の法助動詞など合計 67 項目における言語的特徴の頻度を算出し，その頻度表をもとに因子分析を用いて英文テクストの類型分析を行った．因子分析とは，多数の変数の背後に潜んでいる少数の概念を抽出することで複雑な現象の原因を探る手法であり，後述する主成分分析とは対極に位置しているものである．Biber は，481×67 の行列から主に 6 つの因子を特定し（実際には第 7 因子として academic hedging も特定），テクスト間の相互関係や，言語的特徴の相互関係，あるいはテクストと言語的特徴との相互関係を見つけ出したのである（齊藤他, 2005, pp. 107–108, 191–193; 福田, 2021, pp. 65–67 を参照）．以下は Biber (1988) が特定した 7 つの因子（あるいは次元）の具体例である．

Factor 1: informational versus involved production;

Factor 2: narrative versus non-narrative concerns;

Factor 3: explicit versus situation-dependent reference;

Factor 4: overt expression of persuasion;

Factor 5: abstract versus non-abstract information;

Factor 6: online informational elaboration;

Factor 7: academic hedging.

　他にも，Nesi (2009) では，英国の学生の書き言葉を収集したコーパス

---

[20] 多次元尺度（構成）法（MDS）とは，二つの対象間の違い（距離）をもとに，その距離を保つようにしながら可能な限り低次元（通例は二次元である）で各点の座標を求め，データの構造を考察する手法である．この手法では，個体間の類似性はその距離に反映されている．計量多次元尺度法と非計量多次元尺度法に分かれる．

BAWE (The British Academic Written English) を用いて，Biber (1988) で特定されたコミュニケーション上の機能と関連している因子（あるいは次元）と，4種の学問分野，13種のジャンル，4段階の学生レベルとの関連性を調査している．なお，因子分析を用いた他の研究には石川 (2009) があり，3変数1因子モデルの探索的因子分析を用いて，1990年代の100万語のアメリカ英語コーパスである FROWN コーパス中に生起した3種の頻度副詞 often, sometimes, rarely の頻度データを分析し，その共通性（共通因子）と独自性（独自因子）を調査している．

　次に，主成分分析を紹介する．[21] 主成分分析とは，多数の変数を少数の指標に要約して表現する手法であり，少数の変数に合成して要約し，全体的な要約となりやすい第一主成分得点と，より変数間の差異が明らかとなる第二主成分得点を用いて二次元プロットを生成するのが一般的である．[22] 一般的な主成分分析の手続きとしては，固有値（データをどの程度説明しているかを示す指標）が1以上あるいは累積寄与率90%以上などに適合した有効な主成分のみを分析に採用し（石川他，2010 を参照），該当する主成分が三つ以上採用された場合には，各々を組み合わせた各散布図からサンプルがうまく分類されているかを判定するのが通例である．なお，主成分分析では，元の行列データのケースと変数を転置して行う転置行列を用いる手法がある（立命館大学中村純作教授，

---

[21] 主成分分析は，できる限り収集したデータの情報を圧縮した形で項目間（変数間とケース間）の関係性を可視化する目的で使うことができる（金，2007）．主成分分析と後述する対応分析は類似している点が多々あるが，根本的な違いとして，量的データを扱う場合は主成分分析，質的データを扱う場合は対応分析という点が挙げられる．「コーパスにおける語やコロケーションの頻度のようなデータは，尺度が等間隔になっているような量的データではなく，質的データ」（水本，2009, p. 54）と解釈されることから，一般的には対応分析を用いる方が妥当である．しかしながら，出村他 (2004)，Tabachnick & Fidell (2006) を参考に水本 (2009) でまとめられているように，データの頻度が適当なレンジにまたがっている場合は相関係数の計算が可能であることから，「記述目的として主成分分析を適応することも可能」である（水本，2009, p. 54）．

[22] 対応分析と比べて項目間の差異が分かりにくいことが多いため，あえて第二主成分と第三主成分を用いて二次元プロットを生成する方法もあり，こちらの結果が対応分析の結果と酷似しているという報告がある（君山，2002; 水本，2009; 水本・野口，2009）．固有値 1.0 以上の主成分が複数ある場合には，第二主成分＋第三主成分などの組み合わせであっても分析上の価値があると言える．

personal communication, July 15, 2007）．齊藤他 (2005) や水本 (2009) で
もその特徴がまとめられているように，Burrows (1987, 1989) 以降，コーパ
ス言語学や計量テクスト分析（テクストマイニング）などで使用されている手
法である．後述する対応分析では行列を入れ替えても結果は同じであるが，主
成分分析の場合は異なる結果が得られることから注意が必要である．水本の研
究なども参考に，どの成分を用いて二次元プロットを生成するのか，転置行列
を用いて分析するのかなど，必要に応じて探索的に分析するのが望ましい．い
ずれにしても，主成分分析と対応分析のこのような違いは詳細に把握しておく
必要がある．主成分分析を用いた代表的なコーパス研究には，時系列順に
Burrows (1987, 1989)，Tabata (1995)，田畑 (2004)，Nishina (2007)，水
本 (2009)，水本・野口 (2009) などがあり，語彙頻度に基づき多数のテクス
トを分類する目的で用いられてきた．また，石川 (2008b) では，265 名の大
学生から獲得した英作文データを用いて，延べ語数や異なり語数，語長，文数
などの 10 種類の指標から主成分を抽出し，主成分得点に基づいてエッセイの
タイプを診断することで，エッセイの自動評価手法を模索している．

　クラスター分析は，共通の特性を持つ変数あるいはサンプルをグループ化す
る手法であり，階層的手法と非階層的手法に分かれる．非階層クラスターは事
前にグループ数を決定しておく必要があるが，階層クラスターはその限りでは
ない．Nishina (2007) では，学術論文・書籍，新聞，文学作品で共通に用い
られている頻度上位 100 種の内容語に関する頻度表を作成し，クラスター分
析を用いて各ジャンルを構成する計 15 種のテクスト群の自動分類を試みた．
その結果，ジャンルごとに三つのグループに分けることができた．水本 (2008)
では，クラスター分析を用いることで，計 40 名の大学生が書いた自由英作文
から抽出した語彙指標 7 種と TOEIC 模擬テストのスコア，評定者によるエッ
セイの総合評価の計 9 種の変数の関係性の可視化に成功した（詳しくは，水本
(2008) を参照）．仁科他 (2017) では，ニュージーランドの英語短期研修に参
加した大学生に 4 件法によるアンケート調査を実施し，全 32 の質問項目を変
数として，平方ユークリッド距離を用いたウォード法によるクラスター分析を
実施した．結果，4 つのグループに分類することができた．更に，外れ値を除
き再度クラスター分析を行った結果，大きく二つのグループに分けることがで

きた．特に，高度且つ実践的な英語力が身についたかどうかという点でグループ間で顕著な差が見られた．吉村他 (2019) では，英語ドラマの動画制作の活動時に学生に課したアンケート調査の結果に基づき，クラスター分析を実施した．その結果，学習者は大きく分けて，協同学習が成功した集団，部分的に成功した集団，相対的に協同学習が失敗した集団に分類された．また，各集団で重要視される協同学習の 8 つの原理の影響の度合いがかなり異なっていることが確認された．

　最後に，1.3.3 節で少し触れたように，国内の英語コーパス研究においても 2006 年あたりからその使用が目立つようになった対応分析（コレスポンデンス分析とも言う）や数量化 III 類は，主成分分析と同じ目的で用いる手法であり，量的データの場合は対応分析，質的データの場合は数量化 III 類を用いる．主成分分析と比較して，対応分析の方が二次元プロットで結果を可視化した際に，変数間に違いが現れやすいとされている．現在までに，対応分析はコーパス研究において多用されてきた統計手法の一種であり，Nishina (2007) における高頻出語を用いた学術・新聞・文学のジャンル分類分析や，小林 (2008) の同じく高頻出語を用いた学習者コーパスの分類分析などがある．数量化 III 類に関しては，1960 年代の 100 万語のイギリス英語コーパスである LOB コーパスを分析した古橋・高橋 (1995) や，1990 年代の 1 億語のイギリス英語コーパスである British National Corpus を属性指標に基づきサブコーパスに細分化し分析した高橋 (2019) がある．特に後者では，「元来，性差のみの二値尺度については，性差を区分する尺度が現れにくい」(p. 221) とされていたが，5 段階の年齢グループと性差による 10 個のサブコーパスの言語を解析することで，男女を明確に分ける尺度の特定に成功している．

　なお，対応分析により生成した行・列変数の対称マップの解釈については，注意すべき点がある．例えば，吉村他 (2019) では，学生が書いた学習活動の記録から，対応分析を用いて協同学習の成功に必要とされる 8 つの原理がどのように反映されているかを二次元プロットに可視化した．しかし，水本 (2009) は対応分析の注意すべき点として「外れ値に影響される」(p. 63) 点を指摘しており，筆者が従事した吉村他 (2019) の対応分析結果においても，外れ値に引っ張られることで結果の解釈が難しかったことも事実である．また，

藤本（2017）も「行変数内，または列変数内のカテゴリーポイント間の距離は，数理的に定義されているが，行変数と列変数の間の距離は定義されていない」（p. 141）と説明し，大隈他（1994）は対称マップに同時に布置された「相異なる集合に属する二つの点の親近性を解釈することは非常に危険である」（p. 75）と指摘する。[23] 対称プロットの解釈においては，藤本（2017）が Greenacre（2007）の考えをまとめている中で，「一方のベクトルと他方のベクトルが同じ方向を向いている場合には，Symmetric Map での表示での問題にはならず，そうでない場合は，問題になるという」（p. 149）と指摘していることからも，同時布置の場合にはベクトル方向のみに注目して（あるいは信頼して）生成された結果を解釈するのが無難である。残念ながら，この点を軽視して対応分析の結果を解釈している研究も多く見られることから，注意が必要である。そのような意味では，同時布置せずに，行変数マップ，列変数マップを別々に生成し，互いを見比べながら結果を解釈する方がよいだろう。

1.4.3.　その他の統計手法の紹介：決定木と潜在的意味解析

　本節では，多変量解析の中でも予測の手法として分類される決定木（Decision Tree: DT）と，自然言語処理の技法の一つである潜在的意味解析（Latent Semantic Analysis: LSA）について紹介する。どちらもコーパス言語学の研究において有用な統計手法である。まず，決定木（以下，DT）について解説する。DT は「教師あり学習」の機械学習手法の一つである。DT で計算された結果は，スコアと優先順位でグラフィカルに可視化されるため，可読性に優れている。DT は，特定のアルゴリズムに基づいて入力データの分類を繰り返すことで木構造を作る。また，DT は量的変数と質的変数の両方を扱うことができ，外れ値に影響されないという特性がある。質的変数と量的変数の両方を用いる場合は，優先的に選択したい統計手法の一つである。

　DT で計算されるアルゴリズムには，CHAID（Chi-squared Automatic Interactive Detector），Exhaustive（網羅的）CHAID，QUEST（Quick, Unbi-

---

[23] 市販されている統計処理ソフトには簡易的な解説書が添付されていることがあるが，このような各統計を扱う上での留意事項が「省かれてしまい，「わかりやすいグラフ」が一人歩きすること」（藤本，2017，p. 148）には気をつける必要があろう。

ased, Efficient Statistical Tree)，CART（Classification And Regression Trees)，ID3（Iterative Dichotomiser 3)，C4.5（successor of ID3)，C5.0 などがある．各アルゴリズムにはそれぞれ特徴がある．例えば，CART モデル（Breiman et al. 1984）では，過学習を避けることができ，分類と回帰の両方を扱うことができる．また，説明変数と目的変数の両方において質的・量的変数を用いることができることや，二項対立であることなど，他のアルゴリズムと比較して CART モデルには特徴がある．新村（2002）は，CHAID, Exhaustive CHAID, QUEST などのアルゴリズムと比較して，CART が最も成功したアルゴリズムであることを証明している．CART は，CHAID や C4.5, C5.0 などによって生成される多枝木よりも解釈しやすい二分木構造を生成する．新村（2002）は，二分木よりも多分岐木の方が，より誤判定が多いことを示唆した．これは，二分木では分岐が上のノードで止まってしまうことが多いからである．

DT を用いたいくつかの言語研究を紹介しよう．玉岡（2006）は，日本語の言語研究において，文中の 7 種類の副詞と共起する 3 種類の日本語の接続助詞の位置を明らかにするために DT を使用した．また，岡田（2007）は，英語の atmosphere に相当する「ふんいき」と「ふいんき」という曖昧な日本語の発音について，属性（生年，性別など）に応じて明確に分類した．石川（2013）は，Waikato 大学が開発したフリーソフト WEKA を利用して，英語エッセイの語彙インデックスがどのように書き手を識別しているかを探った．アルゴリズム C5.0 に基づく DT により，語彙の難易度，語彙の多様性，文の構造性から書き手のタイプを分析している（詳しくは，石川（2013）を参照されたい）．

続いて，潜在的意味解析（Latent Semantic Analysis: LSA)[24] について説明する．潜在的意味解析（以下，LSA）とは，テクスト情報の要約や分類に用いられる分布的意味論における自然言語処理技術の一種である．単語とテクストに関連するトピックを構築することで，多数のテクストに含まれる単語の根底にある意味を検出することが可能となる．LSA は，行がテクスト，列が単語に対応する文書 - 単語行列を用いる．LSA の利点は，言語データに基づいて

---

[24] LSA は Latent Semantic Indexing（LSI）とも呼ばれている．

テクスト間の類似性を発見することと，一連の文書に含まれる単語間の（特定の）関係性を分析することにある．前節で紹介した対応分析，主成分分析，クラスター分析などの多変量解析は，変数やサンプル間の関係の可視化においては LSA を上回るが，半自動的にトピックを発見する点においては LSA の方が優れている．LSA の詳細については，Landauer et al. (2014) を参照されたい．

1.4.4.　サンプリングのお話

　本節では，番外編として，コーパスの検索結果から得られた膨大な用例を自動的にバランス良く取捨選択することで，分析対象を限定することができるランダムサンプリングの手法について概観する．ランダムサンプリングの手法を使う主な用途の一つに，用例数の削減がある．特定の語や句，パタン，定型表現など，調査したい言語項目をコーパスで検索した結果，用例数が膨大な数に上ることは頻繁にある．用例数が数百例ぐらいであれば一人でも全数調査が可能であろう．これが，数千例以上になってくると，謝礼を払って大学院生に調査協力してもらうなど，研究協力者の力が必要となるかもしれない．このような場合に，ランダムサンプリングの手法を使えば，獲得した用例数をバランスよく削減し，バイアスをかけずに調査対象を取捨選択することによって，研究協力者の力を借りずに個人の研究者が分析を進めることが可能となる．

　なお，ランダムサンプリングは，統計分析フリーソフト R や Microsoft Excel などを使って乱数を発生させることで容易に実施することができる．例えば，統計ソフト R （原稿執筆時は Ver. 4.1.2）を使用する場合は以下の手順で実行できる（2022 年 1 月 13 日に実施）．以下の例では，抽出した全用例の数を 1,805 例と仮定して，その中から 36 例を抽出する場合を想定している．ここでは，乱数の発生関数を一様分布（unif）とし，出力する乱数の最小値（min）を 1，最大値（max）を 1,806，試行回数を 36 に設定し（出力される乱数は指定した最大値を含まないため 1,805 + 1 = 1,806 に設定），昇順で並び替えた結果を表示している．なお，予め 1,805 例の用例を Excel などに保存しておき，上から順に 1 ～ 1,805 までナンバリング付与しておく．そして，先ほどの出力結果に該当する用例を選択することによって，バイアスのかかって

いない 36 のサンプルを抽出することが可能となる.

```
> d<-as.integer (runif (36,1,1806))
> d
 [1]  935 1007  202  994 1743 1661  884  746 1435 1756 1642 1388  847
 677  839 1394   86  826
[19] 1072  956 1351  995  906 1367 1486 1197 1113 1676 1356  978 1461
1703  828  493 1221  915
> y1<-sort (d)
> y1
 [1]   86  202  493  677  746  826  828  839  847  884  906  915  935
 956  978  994  995 1007
[19] 1072 1113 1197 1221 1351 1356 1367 1388 1394 1435 1461 1486 1642
1661 1676 1703 1743 1756
```

簡易的に Microsoft Excel の RANDBETWEEN 関数 (最小値 1 ～最大値 1,805) を使用しても同様の操作ができる (2022 年 1 月 13 日に実施). 以下が選出された 36 種のサンプリングナンバー (昇順並び替え済み) である. 無論, 実施する度に選定される番号は異なる.

```
39, 53, 58, 106, 210, 227, 259, 272, 274, 290, 396, 416, 427, 454, 576,
622, 644, 652, 664, 668, 756, 809, 913, 1025, 1161, 1250, 1328, 1332,
1373, 1436, 1480, 1590, 1663, 1690, 1711, 1773
```

このようなランダムサンプリングの技術は, コーパスを機械的に半自動的化して構築した場合に, その質を検証する場合にも活用可能である. 特に, 構築したコーパスにゴミやノイズが残っていないか検証したい場合に用いることが出来る. 例えば, 機械的に構築したコーパスに 1,000 のテキストファイルが収められている場合, 上記の方法で乱数を発生させて 10, 50, あるいは 100 のテキストファイルをランダムサンプリングし, テキストエディタ[25] を使って以下のような項目についてゴミやノイズが残っていないかを検証することで, 当該コーパスの出来を判断することができる. 検証対象としたファイル数の中

---

[25] シンプルな Windows 用テキストエディタには秀丸エディタ (https://hide.maruo.co.jp/software/hidemaru.html) やサクラエディタ (https://sakura-editor.github.io/) などがあり, Mac 用には CotEditor (https://coteditor.com/) やデフォルトでインストールされているテキストエディットなどがある.

で，以下のどの項目においてどの程度の数のバグが発見されたかをクロス集計表にまとめ，エラー率という形でその割合（%）を算出することで，当該コーパスの精度が検証できるのである．

- ・エンコーディング（UTF-8）への変換
- ・HTML・XML 等のタグ削除
- ・改行コード（Line Break）の削除
- ・発話者名・性別の削除［字幕データなどで挿入されている場合がある］
- ・余計なアスタリスクや記号等の削除
- ・余計な点線の削除
- ・カンマ・ピリオド後の半角スペース挿入
- ・語間のダブル半角スペースの修正［場合によっては半角スペースがいくつも入っている場合もある］
- ・映画字幕などに付されるタイムコードの削除
- ・字幕などテクストがうまく取り込めていないファイルに関する修正
- ・その他

1.5.　まとめ

　以上，本章では，次章以降で取り上げるパラレルコーパス言語学の議論に先立ち，その根幹となるコーパス言語学そのものについて概観した．特に，コーパスとコーパス言語学（1.2 節）について触れた後，コーパス言語学の歴史（1.3 節）を現在までに構築されたコーパス（1.3.1 節），歴代のコーパス分析ツール（1.3.2 節），英語コーパスを用いたこれまでの研究（1.3.3 節）について概観し，コーパス研究で取り扱うことの多い統計指標（1.4 節）については，特に共起関係や特徴語抽出時に使う統計指標（1.4.1 節）とテクスト分析で扱う多変量解析（1.4.2 節）についてその概要と最近の動向をまとめた．また，その他の統計手法として多変量解析の予測の手法である決定木と自然言語処理の技法である潜在的意味解析を取り上げ（1.4.3 節），最後に番外編としてランダムサンプリング（1.4.4 節）に関して具体的な方法を紹介した．

第2章　概論編：パラレルコーパス概観

2.1.　はじめに

　この第2章からは，本書のタイトルでもある『パラレルコーパス言語学の諸相』の輪郭を示すべく，パラレルコーパスやその活用研究について順に詳説していく．本章では，まずパラレルコーパスおよびコーパス言語学から派生した「パラレルコーパス言語学」の位置づけについて触れる（2.2節）．次に，パラレルコーパスの有用性を知る上で参考になる英語参照資料である『英辞郎 (Eijiro)』を紹介する（2.3節）．2.4節では，パラレルコーパスの種類と現在までに構築された日英・英日パラレルコーパスを紹介する．そして，パラレルコーパスの構築やパラレルコーパスを活用した検索の中で，翻訳方向を加味することがいかに重要なのかを2.5節で詳説する．2.6節においては，現在オンライン上で検索可能であるパラレルコーパス検索ツールについて紹介し，2.7節を本章のまとめとする．実際のパラレルコーパスの活用事例については，第3章以降に譲る．

2.2.　パラレルコーパスとパラレルコーパス言語学

　パラレルコーパスとは，ある言語で書かれた翻訳元のテクスト A （source texts）と異なる言語に翻訳されたテクスト B （target texts）を，文単位あるいは段落単位など，まとまった言語単位間で対応させて（アライメントと呼ぶ），構築した2言語（以上）から構成される翻訳コーパスのことを指す（仁科，2014c）．パラレルコーパスの出発点はヨーロッパ諸国にあり，その地理や政治，文化，歴史，慣習といった点から，複数の言語間翻訳の需要性と必要性が

高かったことに起因する．Volk (2019) は，スイスにはフランス語，ドイツ
語，イタリア語，そしてロマンシュ語（スイスの南東部で使われている，Ro-
mansh と表記）の4つの公用語があるが，同国には多くの多国籍企業や国際
機関もあることから，近年，英語が重要な言語になりつつあると指摘してい
る．このような背景から，これら複数の言語間翻訳の需要が絶え間なくあり，
結果として "this is a natural basis for a plethora of parallel corpora" (pp.
79-80)（大量のパラレルコーパスが構築される基盤となった）と述べる．特に，
パラレルコーパスの始まりは，ヨーロッパ諸国間でやり取りされる政府・技術
関連文書などの重要書類中で使用されている専門用語 (technical terms) を特
定し，多言語翻訳する際に意味的な齟齬が生じないように，その翻訳調査を実
施する目的で構築された．よって，パラレルコーパスの構築と分析は，国家間
の共通理解のためにも必要不可欠であったと言えよう．

　また，パラレルコーパスを活用することで，複数の言語間における恣意的な
翻訳実態を計量的に解析し，その翻訳傾向を数値として可視化することも可能
となる．そのような調査結果を公開・共有することで，翻訳者間の言語知識の
共有にも繋がることが期待されている．世界で最も有名なパラレルコーパス
の一つに Europarl Corpus があるが，2021 年にリリースされた Ver.7 では，
21 の言語による欧州議会 (European Parliament) の議事録が文レベルで対
応付けされている (Europarl Web サイト https://www.statmt.org/europarl/ や
Koehn (2005) を参照).[1]

　パラレルコーパスを活用することで恩恵を受ける分野は様々である．研究分
野別にパラレルコーパスの活用可能性を見ていくと，（機械）翻訳学，通訳学，
対照言語学，辞書学，自然言語処理，記述言語学，理論言語学（特に意味論，
談話分析等）などが挙げられる．教育実践に焦点を当てると，通訳・翻訳教育
や外国語教育，教材開発にも活用可能である．特に英語教育の分野では，パラ

---

[1] 21 種のヨーロッパ言語とは，ロマンス語派（フランス語，イタリア語，スペイン語，ポ
ルトガル語，ルーマニア語），ゲルマン語派（英語，オランダ語，ドイツ語，デンマーク語，
スウェーデン語），スラヴ語派（ブルガリア語，チェコ語，ポーランド語，スロバキア語，ス
ロベニア語），フィン・ウゴル語派（フィンランド語，ハンガリー語，エストニア語），バルト
語派（ラトビア語，リトアニア語），そしてギリシャ語である．

レルコーパスを活用した Data Driven Learning（DDL）の教育的効果を，日本語を母語とする大学生英語学習者を中心に実験し報告をまとめている研究もある（中條他，2005）．また，実践・実用分野においても，翻訳ツールに実装するデータとして，あるいはそのデータを活用することで二言語辞書の編纂に活用することなどが期待されている（仁科，2020）．このように，パラレルコーパスの分析結果を多種多様な研究・実践において活用・援用・応用していく学問を，本書では「パラレルコーパス言語学」と称したい．パラレルコーパス言語学は，コーパス言語学の下位分野の一種と成り得るが，コーパス言語学と聞いて一般的に想定されるモノリンガルコーパス（単一言語のテクストの集合体からなるコーパス）を用いた研究とは異なり，適用される学問分野の拡がりや分析方法にも独自性を持っており，未だ未開拓の部分が多く，これから急速な発展性が望まれる新進気鋭な学問分野である．[2]

2.3.　『英辞郎』とパラレルコーパス

　一般的な英和・和英辞典などの二言語辞典に掲載されている記述は，執筆者の言語直観やモノリンガルコーパスの調査などを通して，各見出し語に関する発音，文法，語法，共起関係などの情報が何度も吟味・精査されることによって完成する．一方で，訳語や例文の訳といった翻訳の部分については，その質が軽視されてきたといっても過言ではない．無論，辞書の編纂者・執筆者あるいは協力者が鋭い言語直観をもって訳語や例文の訳を捻出しているわけではあるが，翻訳のプロではない彼らが主観的に作り上げた翻訳にどれほどの信頼性があるのだろうか．

　二言語辞典の編纂におけるこの盲点に注目し，全く異なる観点から編纂された英和・和英対訳形式のテキストデータベースに『英辞郎 (Eijiro)』がある．英辞郎は日本人のプロの翻訳家が個人的に収集しまとめていた翻訳用例集が元

---

[2]　実は，2002 年の時点で，Borin (2002, p. 1) が "[i]n the last decade or so, parallel corpus linguistics has emerged as a distinct field of research within corpus linguistics, itself a fairly young discipline"（下線は筆者による）と指摘しており，「パラレルコーパス言語学」という用語自体は話題になってから既に 20 年の年月が経つ．

になっており，定期的な改訂のもと，新語や用例の数を随時積極的に増やしている．書籍版『英辞郎』の初版は 2002 年に刊行され，2020 年には第十一版がアルク社から刊行された．この『英辞郎』のコンセプトは，パラレルコーパス言語学の研究を進めていく上でも大変参考になる新しい学習参考資料の形と言えよう．特に『英辞郎 on the WEB』は iPhone などのスマートフォン上でも検索できる無料アプリとして人気がある．翻訳のプロが収集した翻訳データベースから，検索した語・句・文の翻訳例を瞬時に獲得することができる．無論，日本語から英語へ，英語から日本語へと，両言語からの検索が可能となっている．

　一般的な辞書には見出し語があり，必要な情報はその見出し語の項目内に記載されている．よって，ユーザーには，その中から必要な情報を目視で探し出さなければならないという煩雑な検索作業が伴う．一方，『英辞郎』は一般的な辞書では不可能であった句・文単位での翻訳例検索も可能にしている．初版当時から，この点は画期的であった．[3]

---

[3] 現在，例えば App Store で購入できる辞書アプリ『ウィズダム英和・和英辞典 2』では，見出・成句・用例の検索が可能となっている．

図 2-1. Eijiro XI の「雨が降って」の検索結果

　しかしながら，翻訳のプロが収集した翻訳事例が基になっているデータベースであるとはいえ，『英辞郎』に収録されている翻訳情報のどれもが素晴らしく完璧というわけではなく，信頼性に欠けるものも中には含まれている点には注意が必要である．これは，少数の翻訳家が個人的にストックした翻訳例や，既に存在している他者が公開している対訳データ[4]をそのまま再利用していることに起因しており，質の点で翻訳に誤りや不自然性が伴うこともしばしばある．産出された訳例そのものに「正しい・間違い」といった評価を下すことは難しいが，ヒューリスティック（heuristic：経験的な知識によっていくつかある選択肢の中から最適なもの選ぶこと）な観点から，ある程度の翻訳経験がある者にとっては，どのような翻訳が「上手い・不自然」といった判断を下すことは可能である．図 2-1 の「雨が降って」の『英辞郎　第 11 版』の検索結果に見られるように，いくつかの訳文には翻訳の出典が記載されているため（Hira-

---

　[4]　サンプルデータ（作業記録）（https://www.eijiro.jp/version.htm）によると，例えば「公益社団法人アムネスティ・インターナショナル日本様から許諾を得て，同法人のウェブサイト（http://www.amnesty.or.jp/）にある「ニュースリリース」の英文および和文を対訳データに編集して，「例辞郎」および「和英辞郎」に追加」しているとの情報がある．

gana Times, World English Bible など), その出典を参照することで, 翻訳者の属性や翻訳産出までのプロセスなど具体的に調査することも可能となっている.

　このような翻訳上の信頼性の問題を解決する方策の一つが, 複数の翻訳家によって作成された文学作品や新聞記事, 映画字幕などを収録したパラレルコーパスを活用し, 知りたい検索語の翻訳を量的に調査するという作業である. この作業が可能となれば, 『英辞郎』のような翻訳データベースを量的観点から再調査し編纂し直すことも可能となり, 厳密にはジャンル別の翻訳傾向なども計量的に可視化することができる. 例を挙げると, 翻訳家が 100 人いたとして, ある言語のあるテクスト中で使われた X という表現を別の言語に翻訳する場合, 70 人が A と訳し, 20 人が B と訳し, 残りの 10 人が C と訳したとする. この場合, 大多数の翻訳家が訳出した A という訳語が, 翻訳者間で暗に共有されている信頼性の高い翻訳とみなすことができる. 将来的にこのような量的調査を行うことで, 『英辞郎』を始めとする翻訳データベースに収録された言語情報を客観的に検証することができ, 結果としてその質の向上・改善にも貢献するものと思われる.[5]

　なお, 言語の信頼性という観点から見れば, 翻訳された target texts の質や信頼性は, その翻訳者の業務経験や語感などによって左右することから, パラレルコーパスよりもコンパラブルコーパスを用いた調査の方が利点はあろう. コンパラブルコーパス (comparable corpus) とは, 特定ジャンルの母国語で書かれた source texts のみのコーパスを英語でも日本語でも構築して, 言語間の比較調査を可能にしたコーパスを指す. 例えば, 英語の医学論文と日本語の医学論文をサイズや年代, (サブ) ジャンル等を統制してコーパス化し, それぞれのデータを参照あるいは比較することで, 二言語間の類似性や乖離について調査することができる. よって, 獲得した情報の信頼性という意味では, コンパラブルコーパスがパラレルコーパスを凌駕することもある (コンパラブル

---

[5] 注意点として, パラレルコーパスに収録された翻訳テクストのデータを『英辞郎』などの市販されている翻訳データや辞書の記述などに二次利用することについては, 著作権上の問題も生じる可能性があるため, 「翻訳の質」さえ向上すれば全ての問題が解消されるというわけではない.

コーパスを活用した分析例については第 3.5 節を参照）．ただし，筆者の推測
では，パラレルコーパスに収録された翻訳データの量が蓄積されればされるほ
ど質の点でも自然と浄化されていき，例えば翻訳ユニットの頻度が高いもの，
統計値が高いものについては比較的信頼性のあるものが残ると考えている．た
だし，予め，収録する翻訳テクストの翻訳者のレベルはある程度統制しておく
必要があり，例えば，学生や素人が翻訳したようなテクストが混在しているも
のについては，削除する，あるいはパラレルコーパスに含めないなどの配慮が
必要であろう．その意味においては，次節の表 2-1 に掲載されている Tatoeba
日英対訳コーパスには学生の翻訳（15 万対の対訳文）が混在しており，状況
に応じて今後何かしらの対応が必要となろう（詳しくは，第 4 章を参照）．

2.4.　パラレルコーパスの種類

　一言にパラレルコーパスと言っても，実は，その中身によっていくつかのタ
イプに分けることができる．仁科（2014c）によると，2 言語（以上）からなる
コーパスは，その特徴に応じて，翻訳コーパス，対訳コーパス，コンパラブル
コーパスなどと呼ばれ，研究者によってもその定義や名称が異なる．便宜上，
本書では，翻訳関係にある 2 言語からなるコーパスを総称してパラレルコー
パスと呼ぶことにする．パラレルコーパスは以下のようにいくつかの種類に分
類することが可能である．（1）～（4）までは仁科（2014c）でも解説したもの
で，（5）は Ferraresi & Bernardini（2019）や Frankenberg-Garcia & Santos
（2003）など海外のパラレルコーパスや多言語コーパスに稀に見られる変種で
ある（後程，第 4 章においても再度説明する）．

(1)　原文と他の単一言語の翻訳版から構成される 2 言語パラレルコーパ
　　　ス（本書で扱うパラレルコーパス）
(2)　原文と他の複数言語の翻訳版から構成される多言語パラレルコーパ
　　　ス
(3)　原文と他の単一言語の複数の翻訳版（複数の翻訳家による同一言語の
　　　翻訳版）から構成される 2 言語多翻訳コーパス

(4) 同一ジャンルの言語 A のテクストと言語 B のテクストを収録した 2
言語比較可能コーパス（既述のコンパラブルコーパス）

(5) 同一ジャンルにおける同サイズの双翻訳方向のパラレルコーパスを
合算したリシプロカルコーパス

上記 (1) から (5) を比較した場合，(1) が典型的なパラレルコーパスであ
り翻訳コーパスと呼ぶこともある．表 2-1 に挙げるように，2000 年以降，日
本国内においても複数の日英・英日パラレルコーパスが構築され公開されてい
る．ジャンルや翻訳方向などに統一性はあまり見られないが，十種を優に超え
るコーパスが開発されており，最近の二種のパラレルコーパス（JESC 日英サ
ブタイトルコーパスと TED Talk 英日コーパス）は，口語レジスターに注目し
た話し言葉パラレルコーパスでもある．

(2) については，ルイス・キャロル著『不思議の国のアリス』や J.K. ローリ
ング著『ハリーポッター』など世界的ベストセラーとなった作品は，世界各国
で様々な言語によって翻訳されているため，このタイプのパラレルコーパスの
構築が可能である．

(3) においても (2) と同様に世界的に著名な作品で，且つ出版されてから
ある程度の時間が経過している作品（例えば，古典文学）などであれば，同一
言語においても現在までに複数の翻訳家によって翻訳されていることから，こ
のタイプのパラレルコーパスを構築することが可能である．

(4) は，厳密にはパラレルコーパスではなく，前節でも取り上げたコンパラ
ブルコーパス（比較可能コーパス）と呼ばれるもので，同一ジャンルであれば
翻訳物である必要がないことから，アラインメント処理の必要もない．よっ
て，パラレルコーパスよりも構築作業が容易で構築時間が短縮でき，より敷居
の低い 2 言語コーパスであると言える．[6] 仁科 (2009) では，当時（そして今
も）メディア等の時事言語で多用されているテロリズムの語彙特徴を日・英両

---

[6] アラインメント（alignment）処理とは，パラレルコーパスの構築時に原文の各センテンス
とそれに対応する翻訳文の各センテンスを，それぞれのテクストファイルにおいて同一の行番
号に配置する一連の処理を指す．時に文レベルではなく，段落レベルで対応させることもある
（例. 関西外大パラレルコーパス B など）.

言語の Web 用例コンパラブルコーパスを用いて分析し，日英辞書の記述の改善案を示した．パラレルコーパスの場合は，元のテクスト A と翻訳されたテクスト A′（A プライム）は発せられる情報は極めて近似していることから，基本的に，対照言語学的な視点から言語文化の違いやコロケーションあるいは意味的韻律などの違いを発見することは難しい．つまり，各言語独自の言語実態を調査しそれらを比較したい場合は，コンパラブルコーパスに軍配が上がると言えよう．[7]

　最後に（5）については，古くに The English Norwegian Parallel Corpus (Johansson, 1998)，最近では The Portuguese-English Parallel Corpus（通称，COMPARA）(Frankenberg-Garcia & Santos, 2003) や The European Parliament Translation and Interpreting Corpus (EPTIC) (Ferraresi & Bernardini, 2019) など海外のパラレルコーパスや多言語コーパスに見られるリシプロカルコーパス（正式には，a parallel / multilingual reciprocal corpus）と呼ばれるもので，著者の知るところでは，未だ日本には存在していない．例えば，同一ジャンルにおける同サイズの日英パラレルコーパスと英日パラレルコーパスを合算したものを想定すると分かりやすい．起点言語 (SL: Source Language) 同士，あるいは目標言語 (TL: Target Language) 同士でコンパラブルコーパスとしても調査できる機能を持つため，多目的パラレルコーパスであるとも言える．

---

[7] Hunston & Francis (2000) や Stubbs (2002) などの研究を参考に語のふるまいをその結合要素の性質によって分類すると，共起関係 (collocation)，連辞的結合 (colligation)，文法パタン (colligational pattern)，優先的意味選択 (semantic preference)，談話的・意味的韻律 (discourse / semantic prosody) に分けることができる．まず，共起関係とは，2 語（以上）間の計量的な結びつきを表し，連辞的結合や文法パタンは語と文法範疇（もしくは文法範疇同士）の連結を表す．これらは，調査したい単語の表記形を検索し，周辺の語をソートし，必要に応じて統計処理を施すことによって容易に抽出することができる．あるいは，文法情報をタグ付けしたコーパスを用いることによって，連辞的結合や文法パタンの抽出が可能となる．一方で，優先的意味選択は，ある語が特定の意味領域に属する類似した語の集合との共起関係を指し，談話的・意味的韻律は，ある語が談話内で特異に見せる文脈的機能を示す．これらは，分析者の観察力に依存する部分が極めて大きいため機械的に抽出することが難しい．特に，Hunston & Thompson (2000) や Hunston (2007) は，談話的韻律が書き手の評価 (writer's evaluation) と関わっていることを指摘しており，その抽出には手作業で文脈を詳細に調査する必要がある（以上の解説も含めて，詳しくは，仁科 (2011) を参照されたい）．

表2-1. 2000年以降に発表された日英・英日パラレルコーパスの例（時系列順）（本表は、仁科・赤瀬川（2022）の表を改変したもの）

パラレルコーパス	開発者・参照元など	翻訳方向	アライメント単位	ジャンル/内容	書/話
Tatoeba 日英対訳コーパス /Tanaka Corpus (TATOEBA)	Tanaka (2001), Tatoeba project since 2006	日→英	文単位	textbooks (e.g. books used by Japanese students of English)/lines of songs/popular books/biblical passages	書・話
関西外大コーパス B 日英パラレルコーパス	西村 (2002)	日→英	段落単位	文学／青空文庫と『新潮文庫の100冊』に収録されている作品、およびその英訳	書
日英対訳文対応付けデータ (TAIYAKU)	Utiyama & Takahashi (2003)	英→日 日→英 (一部)	文単位	文学／Project Gutenberg、青空文庫、プロジェクト杉田玄白から160作品	書
ロイター日英記事の対応付け (REUTERS)	Utiyama & Isahara (2003)	英→日	文単位	新聞・ニュース／ロイター通信英語・日本語版記事	書
日英新聞記事対応付けデータ (JENAAD)	Utiyama & Isahara (2003)	日→英	文単位	新聞・ニュース／読売新聞、Daily Yomiuri	書
大規模オープンソース日英対訳コーパス (OPENSOURCE)	石坂他 (2009)	英→日	文単位	技術文書／オープンソースソフトウェアのマニュアル	書
Wikipedia 日英京都関連文書対訳コーパス (WIKIPEDIA)	NICT (2010)	日→英	文単位	ウェブ／Wikipedia の日本語記事（京都関連）とその英訳	書

名称	出典	翻訳方向	単位	内容	書／話
日英法令対訳コーパス (LAW)	Neubig (2014)	日→英	段落単位	法律文書／日本の法律とその英訳	書
SCoRE 用例コーパス (SCoRE)	Chujo, Oghigian & Akasegawa (2015)	英→日	文単位	教育用例文／教育的に配慮した簡潔で自然な例文（音声ファイル付き）	書
ASPEC (Asian Scientific Paper Excerpt Corpus)	Nakazawa et al. (2016)	日→英	文単位	学術／科学論文の日英アブストラクト	書
Hiragana Times 日英対訳コーパスデータ	YAC (Your Additional Contact) (https://yac-nippon.com/corpus-english-japanese/en/)	日→英	文単位（マガジン自体の表示形式は段落単位）	バイリンガルマガジン・書籍／1988 年から 2017 年までの Hiragana Times 349 冊、単行本 19 冊（政治、文化、歴史、恋愛、食べ物、旅行、映画、まんが、習慣など）	書
JESC (Japanese-English Subtitle Corpus) 日英サブタイトルコーパス（の一部）	Pryzant et al. (2018)	英→日 日→英（一部）	文単位	映画・ドラマ・テレビ／映画・TV 番組の字幕データ	話
TED Talk 英日コーパス (TED)	https://amara.org/en/teams/ted/videos/	英→日	文単位ではない※ 字幕ファイル (ssa 形式式ファイル) から作成	アカデミック・ビジネスプレゼンテーション／多種多様なジャンルのプレゼンテーションの字幕データ（音声ファイル付き）	話

　別の角度からパラレルコーパスをもう少し詳細に見て行こう．上記のように
パラレルコーパスを分類したり，構築したりする上で勘案すべき点は，まず，
コーパスとして収集する翻訳テクストが2言語（bilingual）から構成されてい
るのか，より複数の多言語（multilingual）から構成されているのか，といっ
た翻訳言語の数にある．今後の研究の発展性と多言語に関する知識があれば，
マルチリンガルコーパスを構築し公開することで世界中の翻訳研究に貢献する
ことも可能である．

　次に，その対訳コーパスが日本語から英語に訳されたものなのか，あるいは
英語から日本語に訳されたものか，といった翻訳方向の観点も重要である．一
般的には，例えば，日→英あるいは英→日のどちらかの一方向（unidirection-
al）翻訳の原文と翻訳文を収集することによってパラレルコーパスが構築され
る．ただし，場合によっては，日→英と英→日の双方向に訳されたテクストが
混在しているパラレルコーパスもある（例．表2-1における「日英対訳文対応
付けデータ」と「日英サブタイトルコーパス」など）．また，このような双方向
（bidirectional）に加えて，研究の目的によっては，日本語から英語，中国語，
韓国語，スペイン語，フランス語といった多方向（multidirectional）に訳され
ているテクストを収集する場合もあるかもしれない．この場合も翻訳方向は基
本的に一方向であることが想定される．例えば，航空機内の各座席ポケットに
収納されている（緊急時対応マニュアルを含む）リーフレットや，機内スク
リーンに表示される各種安全に関する案内は，最低3〜4言語以上で表記さ
れていることが多く，日本の航空会社を例にあげると，原文（あるいはアナウ
ンス）が日本語で，翻訳言語は英語，スペイン語，中国語，韓国語であること
が多い（例．全日本空輸）．[8] 他にも，ベストセラーである『ハリー・ポッター』
のような作品では，原文が英語で数多くの外国語に翻訳されているため（2017
年6月時点で世界200か国79言語），[9] 無論一般公開することはできないが，
個人的な研究目的でマルチリンガルコーパスを構築することも可能である．い

---

[8] 全日本空輸における多言語表記については，最新では2022年5月の国内フライト時に確認済み．

[9] 国際ニュース：AFPBB News「「ハリー・ポッター」誕生20年，数字で見る魔法の世界」（https://www.afpbb.com/articles/-/3133397）．

ずれにしても，このような多言語翻訳データを集めることで多方向に翻訳された
たマルチリンガルコーパスの構築も可能となる．

　なお，パラレルコーパスに収められたテクストが，特殊性を帯びたものかどうか（汎用（general）vs. 特殊（specialized））の観点も加味する必要がある．表 2-1 に示すように，現在までに公開されている日英・英日パラレルコーパスを概観すると，そのほとんどにおいてジャンルが統制されており，何かしらの特殊性を帯びたコーパスであると言える．この理由として，汎用コーパスの設計時のように，詳細なコーパスデザインに頭を悩ませて時間を費やす必要がなく，調査したいジャンルやレジスターの翻訳テクストをそのままコーパス化しアラインメント処理を施せば，比較的簡単にパラレルコーパスが構築できるためである．[10] 特に，新聞や技術文書，映画・ドラマなどのスクリプトはウェブ上でも公開されており入手しやすい翻訳テクストであることから，これらを活用することでパラレルコーパスの構築のハードルは一気に下がる．

　一方で，そのような入手しやすい翻訳物以外のジャンルやレジスターの翻訳テクストデータの収集には困難も伴う．電子化されていない場合には，書物のデータを手作業でスキャンし，その文字データを OCR（Optical Character Recognition：光学文字認識）で読み取る作業が必要となる．[11] その文字データのゴミ・ノイズなどを消去しテクストを整形し直すなど，[12] 機械判読可能な電子コーパスとして成立させるための処理も必要となる．また，場合によっては原文テクストと翻訳テクストの双方における版権上の問題も生じるため，法律の専門家に相談するなどして適切に対応する必要もある．[13]

　表 2-1 に示すとおり 2000 年以降に国内で開発された代表的な英日・日英パ

---

[10] 言語の母集団を想定したコーパス構築デザインには未だ答えがなく，BNC，BoE，COCA，BCCWJ など多くのコーパスは独自基準でコーパスを設計している．これらコーパスについては，1.3.1 節を参照されたい．

[11] OCR ソフトによっては読み取り精度や対応言語に注意する必要がある．かすれた文字や低解像度の画像からも文字を認識できるようなソフトもある（例．ソースネクスト社の『本格読取 5』や『読取革命 Ver.16』など（2021 年 12 月 19 日現在））．

[12] テクスト整形，ゴミ・ノイズの除去については，1.4.4 節も参照されたい．

[13] 原文テクストを執筆した著者と翻訳テクストを作成した翻訳者の双方から許諾を得ることで版権の問題が解決する場合もあるだろう．

ラレルコーパスはざっと 13 種程度であることが分かる．やはり英語や日本語などの単一言語のテクストのみを収集対象としたモノリンガルコーパスと比較すると，パラレルコーパスを構築し一般公開するまでのハードルはかなり高いと言えよう（逆に，限定公開であれば公に知られていないパラレルコーパスも存在するのかもしれない）．[14] 既に表 1-1 で見たように，Mark Davies が公開しているものだけでもモノリンガルコーパスは 17 種〜19 種あることからも，コーパス構築のハードルの違いは明らかである．

　上表 2-1 において下線の引いてあるパラレルコーパスは，2020 年度から筆者が代表を務める科研プロジェクト（科学研究費　20K00692　基盤研究 C：日英・英日パラレルコーパスの整備と検索システムの開発およびその活用法）で開発している日英・英日パラレルコーパスオンライン検索システム『パラレルリンク』のプロトタイプ版に搭載している．このプロジェクトでは，ヨーロッパ諸国では隆盛を迎えつつあるパラレルコーパスを活用した言語研究を，日本国内においても普及・促進させたいという思いからシステム開発しており，対象としているユーザーは言語研究の専門家や翻訳家，英語・日本語教員，大学生を含めた一般ユーザーと幅広い．手始めに，既に公開されている日英・英日パラレルコーパス（プロトタイプでは表 2-1 の下線で示した 9 種のコーパス）のフォーマットを再整備して統一化を図り，レキシカルプロファイラー（lexical profiler）で一覧検索できるように設計した．詳しくは，第 4 章を参照されたい．[15] また，この検索システムの活用研究については，第 5 章において，単言語コーパスの活用だけでは不可能であった言語分析の一端をコンピュータ辞書学の見地から具体的に示す．今まで不可能であった量的見地からの日英語間の対照言語学的・翻訳学的考察が可能となり，英語学習・翻訳支援ツール開発などへの応用も期待される．

　この科研プロジェクトの最終目標は，未だ開発されていない（擬似的な）一般参照パラレルコーパス検索システムの開発でもある．単一言語コーパスでは，既に前章で紹介した 1994 年に完成した約 1 億語のイギリス英語コーパス

---

[14] パラレルコーパスの詳細な分類については，染谷他（2011）も参照されたい．
[15] 本システム開発には，Lago NLP（旧 Lago 言語研究所）代表の赤瀬川史朗先生のご協力を得た．ここに感謝申し上げる．

The British National Corpus（BNC）や，2021 年 8 月 15 日現在で 10 億語の
サイズを誇るアメリカ英語コーパス Corpus of Contemporary American Eng-
lish（COCA），現代日本語の書き言葉の全体像や特徴を把握するために国立
国語研究所が構築し 2011 年に公開した 1 億 430 万語の『現代日本語書き言葉
均衡コーパス』（Balanced Corpus of Contemporary Written Japanese: BCC-
WJ）などの大規模一般参照コーパスが公開されている．一方で，パラレルコー
パスや多言語翻訳コーパスにおいては，このような一般参照コーパス構築の試
みは未だ実施されていない．これは既に述べたように，版権の問題もあれば，
多種多様なジャンルの翻訳テクストを年代や種類を勘案して収集することが極
めて困難であるという点，技術的にもハードルが高いという点，またそのサイ
ズについても単言語コーパスと比較して融通が効かないといった点などが挙げ
られる．特に，モノリンガルコーパスでは「サンプル」という視点のもと，テ
クスト全体を収集するのではなく，複数のテクストの一部分を抜き取るような
構築方法もあるが，パラレルコーパスでは基本的にテクスト全体を収集する傾
向にある．

　想定されるこのような問題点を考えた場合，まずは既に一般公開されている
複数のパラレルコーパスを一つのコーパスとしてまとめて合算し，串刺し検索
できるようなツールがあれば，いくばくか擬似的な一般参照パラレルコーパス
として代用できるのではないか，そのような視点から本プロジェクトは始まっ
ている．どのような検索ツールを開発すべきか，参考までに，英語のコーパス
検索ツールには AntConc（https://www.laurenceanthony.net/software/antconc/）
や WordSmith（https://lexically.net/wordsmith/version7/index.html），Casual-
Conc（https://sites.google.com/site/casualconcj/），日本語のコーパス検索ツー
ルには「小納言」（https://shonagon.ninjal.ac.jp/）や「中納言」（https://
chunagon.ninjal.ac.jp/），NINJAL-LWP for BCCWJ（NLB）（https://nlb.
ninjal.ac.jp/）などがあるが，特に NLB には，Lago Word Profiler（LWP）が
搭載され，レキシカルプロファイリングという手法を使ったコーパス検索が可
能となっており，現在進行中の科研プロジェクトもこのレキシカルプロファイ
ラーのインターフェースを用いている．

　また，表 2-1 からも分かるように，全般的に現在までに構築された既存の

パラレルコーパスは書き言葉が中心である．各パラレルコーパスのサイズにもばらつきがあり，アラインメントの言語単位については文単位のものもあれば段落単位のものもある．これらのパラレルコーパスを整備し，再構築するだけでも骨の折れる作業であることは想像に難くない．ただ，その作業をこなさなければ，既にこれだけ開発・公開されている言語資産の有効活用が可能にはならないし，逆の視点から見ると，この点さえクリアすれば複数のジャンル間の計量的な翻訳比較なども可能となる．翻訳方向ごとにパラレルコーパスをグループ化するかどうかは議論の分かれどころであるが，次節で示すように翻訳方向を加味することで，真の翻訳実態を調査することも可能となるわけである．よって，翻訳方向ごとにパラレルコーパスを分類するという作業は，『パラレルリンク』のような複合コーパス検索ツールを開発する上では（今後）必要であろう．

2.5. 翻訳方向を加味することが何故重要なのか

　前節の最後にも少し触れたが，単一言語コーパスと異なり，パラレルコーパスを構築・分析する際には収録テクストの翻訳方向に留意する必要がある．例えば，あるパラレルコーパス X が言語 A の原文テクストと言語 B の翻訳版から構成されていると仮定した場合，原則として，このパラレルコーパス X を用いた検索と分析は A → B の翻訳方向のみに限定する必要がある．この理由として，英日パラレルコーパス（翻訳方向が英 → 日）では，「orange → オレンジ」と訳されたデータの抽出には質的な信頼性が保持されるが，一方で「オレンジ → orange」のデータを抽出しても元の収録テクストの翻訳方向が逆であることから，翻訳そのものの信頼性に欠ける可能性がある．過去に出版された初期の有名な学習和英辞典においては，同シリーズの英和辞典の記述をそのまま和英辞典の記述に転用したように見られるケースもある．[16] パラレルコーパス専用のコンコーダンサーである ParaConc[17] や CasualPConc[18] など

---

[16] 無論，そのような辞典は既に廃刊になっているものも多い．

[17] http://www.athel.com/para.html

[18] https://sites.google.com/site/casualconcj/yutiriti-puroguramu/casualpconc

では，英語から日本語，あるいは日本語から英語の双方向から検索することが
可能であるが，翻訳実態を調査する際にはパラレルコーパスそのものの翻訳方
向に従った検索が必要となる．この点について，指摘している研究者はほとん
どいない．

　この二言語間翻訳における双方向の交換可能性が認められない理由につい
て，コーパス言語学や談話分析，パラレルコーパス研究の第一人者でコーパス
言語学のトップジャーナルである International Journal of Corpus Linguistics
(IJCL) の編集主幹でもあった英国バーミンガム大学名誉教授の Wolfgang
Teubert 氏は，筆者とのパラレルコーパス研究に関するやり取りや私信の中で，
以下のように述べている．

　　　「ある特定の概念があり，それを英語で表すと A，日本語で表すと B
　　　とする．各言語の背景に通底する文化や歴史，慣習には違いがあること
　　　から，A で表された概念と B で表された概念は重複する部分はあって
　　　も合致はしない．つまり，A → B と訳出できたとしても，訳出された
　　　B は A とは意味的・語用的・文化的・慣習的にいくばくか異なってお
　　　り，再度 B → A とは訳出できず，別の C や D に訳出する必要がある」

　この考えに基づくと，二言語間における語・句は，いつも 1 対 1 の対応関
係として A → B → A → B … と互換的に翻訳されるわけではない，というこ
とになる．例えば，2019 年に三省堂から刊行された『ウィズダム和英辞典第
三版』[W3] を参照すると，日本語の「不況」は depression, recession, slack
business, (business) slump, stagnation, bad [hard] times のように訳出され
ている．また，2020 年にアルク社から刊行された英和見出し項目 217 万の
『英辞郎 第十一版』[E11] を参照すると，以下のような翻訳ユニットが検出さ
れた．この翻訳ユニット間の意味の違いについては E11 には説明はないが，
W3 には掲載されていない turndown や downturn なども掲載されており，一
般的な辞書とは一風変わった豊富な訳語を収録している翻訳データベースの利
点であると言えよう．

ailing economy●an economic turndown●business dip●business slump●business stagnation●depression●economic difficulty〔複数形の economic difficulties で用いられることが多い〕economic downturn●economic recession●economic slump●lackluster economy●poor business●recession●slack in business●sluggish economy●slump in business●somnolent economy

　これらの訳語は，文脈によってはその直前に business や economic を従え，〔business＋不況を示す英単語〕という共起表現で用いられることもあるが（例. business slump），単体でも「不況」の訳語として用いられる．しかしながら，英訳されたこれらの語から日本語に再翻訳する場合，英和辞典に掲載されている訳語を参照すると，「不況」以外の訳語（意味）の方が目立つ（「不況」という訳語が全く掲載されていないというわけではない）．

表 2-2.「不況」に始まる日→英→日の翻訳間のズレ

日本語	英語		日本語
不況 ➡	depression	➡	恐慌
	downturn	➡	悪化，沈滞
	recession	➡	景気後退
	slowdown	➡	後退，低迷，減速
	slump	➡	下落，下降
	stagnation	➡	不振，低迷

　例えば，不況から英訳されたこれら 6 種の訳語は，日本語に再翻訳された場合に depression であれば「恐慌」，recession であれば「景気後退」，slump であれば「下落」や「下降」など訳語が異なることが分かる．これは，各語が生起している文脈が異なることを示しており，よりミクロな視点から見ると，共起語の違いから生じていると考えられる．この記述言語学における分析の視点は，J. R. Firth が 1957 年の自著で提唱した "You shall know a word by the company it keeps (p. 11)" に端を発していると言っても過言ではない．[19]

---

[19] J. R. Firth と同じ時代を生き抜いたアメリカの実業家で IBM 社の初代社長 Tom Watson (1874–1956) も，"A man is known by the company he keeps. A company is known by the men it keeps." と述べている．人であれ言語であれ，近しいものを観察することで調査対象の実態が浮かび上がるという論理である．

これら日本語の「不況」に対応した英語の各訳語を，日本語に再翻訳した場合
の日本語訳の異なりこそが，部分的に意味が異なっている英語の訳語間（類義
語間）の違いと言える．パラレルコーパスを活用して起点言語と目標言語を量
的且つ質的に分析することで，目標言語で言い表された訳語そのものが自ずと
起点言語の類義語の違いを記述的に示していると言えそうである．つまり，**翻
訳の違いこそが類義語の違いを可視化しているということになる．**これはパラ
レルコーパスを活用した新しい言語の見方であり，記述言語分析の方法でもあ
り，本書のタイトルにもある『パラレルコーパス言語学』の方法論の一端を示
す良い好例である．

　上記で示したように，特定の言語単位で区切って日本語から英語，あるいは
英語から日本語へと訳す場合には，翻訳間のズレが見られることが多いため，
例えば，日英パラレルコーパスを用いて精緻な翻訳分析を実施する場合には，
日→英方向の検索にのみ限定した方が望ましい．但し，現時点で公開されてい
る英日パラレルコーパスはジャンルやサイズが限定されているため（表 2-1 か
ら既存の英日パラレルコーパスは，日英対訳文対応付けデータ（TAIYAKU），
ロイター日英記事の対応付け（REUTERS），大規模オープンソース日英対訳
コーパス（OPENSOURCE），SCoRE 用例コーパス（SCoRE），JESC（Japa-
nese-English Subtitle Corpus）日英サブタイトルコーパス（の一部），TED
Talk 英日コーパス（TED）の 6 種），特定の語・句の英→日翻訳傾向を調べた
い場合には，英日パラレルコーパスのみならず便宜的に日英パラレルコーパス
においても英→日方向の検索を実施することで，より多くの検索結果を得るこ
とができる．このような意味でも，『パラレルリンク』の開発プロジェクトの
ように，一般公開できる範囲で，既存の日英・英日パラレルコーパスを再整備
して全て合算しそれなりのコーパスサイズを確保することには，それなりの意
義があると言えよう．これは，現状，大規模英日パラレルコーパス（あるいは
大規模日英パラレルコーパス）が未だ構築・公開されていないことから，英日
パラレルコーパスと日英パラレルコーパスの双方を合算しある程度のコーパス
サイズを確保することによって，（翻訳方向の件は別として）擬似的な一般参
照コーパスに少しでも近づけるための代替策に他ならない．無論，この場合に
も，欠落しているジャンルの問題や，収集された翻訳テキストの年代のばらつ

きの問題などもあることから，一般参照と呼べる程の入念に設計された質の高いパラレルコーパスを構築することはやはり難しい．

2.6. オンライン上で検索できるパラレルコーパスの一例

　言語分析の専門家や翻訳家のようなプロユーザーは別として，学生を含めた一般ユーザーは，翻訳方向に囚われずにウェブ上で容易にアクセスできる SCoRE (https://www.score-corpus.org/) や WebParaNews (https://www.antlabsolutions.com/webparanews/)，パラレルリンク (https://www.parallellink.org/) などで，まずは気軽にパラレルコーパスに触れ検索してみるとよい．以下は，「不況」（図 2-2）と recession （図 2-3）を WebParaNews で検索した画面である．検索元の起点言語（例. 日→英であれば日）では，指定した位置をソートすることが出来るので検索結果が見やすい．一方で，目標言語（例. 日→英であれば英）はソートされていないことに注意が必要である．ParaConc などのコンコーダンサーを用いれば，目標言語をソートする機能も付いているため，よりコンコーダンスラインが見やすくなるという視認上の利点はあるが，目標言語のキーワード（つまり自動認識された検索語の訳語）を特定の指標に基づいてランクづけしながら自動的に特定することから，そのキーワード自体が誤っている場合には意味をなさない．よって，綺麗に一覧表示されていても，コンピュータによって表示されたコンコーダンスラインを完全に信頼するのではなく，必要に応じて各用例を目視で検討し翻訳実態を精査していく必要がある．なお，WebParaNews における検索画面右上にある Keywords 機能は，ParaConc の Hot Words 機能と類似しており，検索語の訳語の候補が統計的に算出されリスト化されたものであり，検索語の翻訳傾向を知る上で大変参考になる．[20]

---

[20] 機械抽出された訳語リストであるがゆえに，結果の精度はそれ程高くはなく，ParaConc の Hot Words 機能のようにランク順に統計値が表示されているわけでもないことに留意されたい．

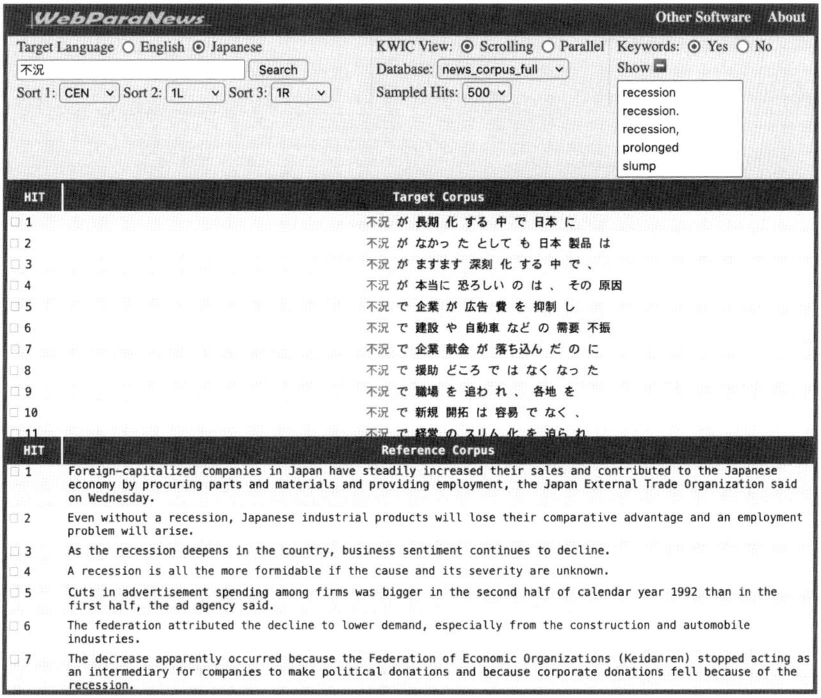

図 2-2. 日英パラレルコーパス（WebParaNews）における「不況」の検索画面[21]

[21]　早稲田大学の Laurence Anthony 氏と日本大学の中條清美氏が公開したオンラインコンコーダンサー（http://www.antlab.sci.waseda.ac.jp/webparanews/）．Ver.001 では，JENAAD（読売新聞と Daily Yomiuri の記事を収録したパラレルコーパス．詳しくは後述）が実装されている．

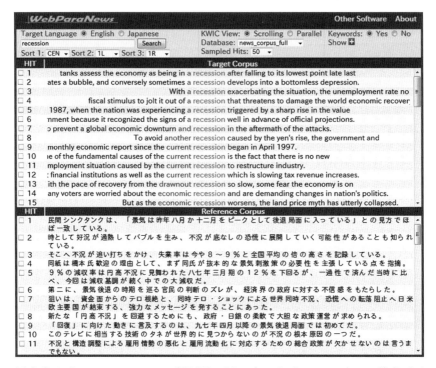

図 2-3. 日英パラレルコーパス（WebParaNews）における recession の検索画面

　続いて SCoRE（https://www.score-corpus.org/）も紹介したい．SCoRE と
は，教育用例文コーパス（Sentence Corpus of Remedial English）の頭字語で
あり，SCoRE のウェブサイトトップページには「簡潔で自然な英文とその日
本語対訳をウェブ上で自由に閲覧・検索・コピー・ダウンロード・Web テス
トに利用できる「データ駆動型英語学習支援プログラム」」と説明されている．[22]

---

[22] Johns（1991a, 1991b）や Nishina（2008）で説明されるとおり，データ駆動型学習（Da-
ta-driven Learning, 通称 DDL）とは，学習者が自律的に共起関係や文法規則を発見するため
の学習法の一つである．現在までに実施された日本人英語学習者（主に大学生）を対象とした
実証実験では，語彙や文法の有効な指導法としてその教育効果が認められている．DDL にお
ける教室内の教師の役割とは，指導者ではなく facilitator として学習者の能動的学習を促すこ
とにある．言い換えれば，DDL は学習者主導型の英語学習法である．実際に，Chujo &
Oghigian（2008），Chujo et al.（2009）では，パラレルコーパスを用いた DDL 指導の効果や，
EFL 初級学習者における DDL の有効性を実証している．

図 2-4 は，SCoRE のコンコーダンス画面で，love を検索した結果の一部である．検索時に文法項目やトピックごとに検索するコーパスを選択でき，キーワードの前後でソートする機能なども実装されている．[23]

図 2-4. 日英パラレルコーパス（SCoRE）における love の検索画面

　最後に，オンライン上で検索できるパラレルコーパス検索ツールとして，現在開発中の『パラレルリンク（Parallel Link）』を紹介する（プロトタイプ版は，https://www.parallellink.org/ を参照）．同ツールに実装されたコーパスの整備内容やインターフェースの機能などについては第 4 章以降で詳説することにし，ここでは本ツールの現在の機能と今後の開発スケジュールについて簡単にまとめる．

---

　[23] SCoRE は 4 種のツールで構成されている．以下，SCoRE のウェブサイトの説明をまとめると，一つ目は，「パタンブラウザ」で SCoRE に含まれる文法項目，キーワード，例文の全てのデータの閲覧が可能である．二つ目は，「コンコーダンス」で，SCoRE の例文を検索し，英語例文と日本語訳の検索結果を表示させることができる．三つ目は，「適語補充問題」で，SCoRE の例文を利用して適語補充問題（小テスト）の作成，出題，採点が可能である．最後は，「SCoRE のダウンロード」で SCoRE の例文を Excel ファイル形式でダウンロードすることができる．詳しくは，https://www.score-corpus.org/ を参照．

表 2-3.『パラレルリンク』(Ver.3.0) までの開発スケジュール (仁科・赤瀬川 (2021) の表を改変)

ヴァージョン	収録コーパス	検索方向	検索ツール	検索機能	音声機能
Ver.1.0 [実験的インターフェース]	9種	日→英 (レキシカルプロファイラー)	レキシカルプロファイラー	文法パタン検索, 共起語検索など	SCoRE
Ver.1.1, 1.2 [旧インターフェース改良版]	9種	日→英 (レキシカルプロファイラー)	レキシカルプロファイラー	文法パタン検索, 共起語検索など	SCoRE
Ver.2.0 *2027年頃に開発予定	9種+α *有償ライセンスコーパス含む	日→英 (レキシカルプロファイラー), 英→日 (レキシカルプロファイラー)	レキシカルプロファイラー	文法パタン検索, 共起語検索, ParaConc の Hot Words 機能など	SCoRE, 他のコーパスには Natural Reader を活用するなど方法を模索中
Ver.3.0 *2031年頃に開発予定	9種+α *有償ライセンスコーパス+オリジナルコーパス含む	日→英 (レキシカルプロファイラー), 英→日 (レキシカルプロファイラー), 日→英 (コンコーダンサー), 英→日 (コンコーダンサー)	レキシカルプロファイラー, コンコーダンサー	文法パタン検索, 共起語検索, ParaConc の Hot Words 機能, dual KWIC, 統計解析など	SCoRE, 他のコーパスには Natural Reader を活用するなど方法を模索中

　表 2-3 に示すように，『パラレルリンク』は Ver.3.0 までの開発を予定している．本ツールを開発するに至った経緯は，筆者が 2005 年あたりからパラレルコーパスを活用した計量的な応用翻訳研究に従事したことがその発端である（仁科, 2007c, 2008a, 2008b; Nishina, 2008 など）.[24] これらの研究では，記述的側面からの分析が主であったが，当時は一般に公開されていた日英・英日パラレルコーパスの数や種類が極めて限られていたため，研究出来る範囲や精度においても一定の限界があった．例えば，辞書に掲載された特定の見出し語の情報を検証する上で，新聞記事のような特定ジャンルのパラレルコーパスから抽出した翻訳データをその比較対象として参照してもよいのか，そもそもその

---

[24] 筆者は，英国の大学院にて二つ目の修士号（応用翻訳学）を修了した頃から，パラレルコーパス研究や計量的な翻訳研究に本格的に興味を持ち始めた.

ようなデータと比較することにどの程度の意味があるのか，といったことも検
討課題となった．無論，辞書の記述と特定ジャンルコーパスのデータを直接比
較することは難しいので，一般参照コーパスにおいても特定ジャンルにしか出
現しない語・句と，同じジャンルの翻訳テクストで構成されるパラレルコーパ
スのデータを比較するなどして，創意工夫し分析を実施したのである．このよ
うな経験を経て，どのようなレベルのユーザーであっても，自由に検索できる
一般参照パラレルコーパスを搭載したオンライン検索ツールの重要性を，筆者
は当時から人一倍実感していた．そのようなツールがあれば，筆者が採用した
ような煩わしい方法論を用いる必要もなく，英和・和英辞典を初めあらゆる二
言語辞書に記載された情報の妥当性を，特に翻訳の点から検証可能になるわけ
である．[25] 仁科（2008a，2020）でも述べたが，最終的な目標は，大規模な日
英・英日パラレルコーパスが構築され，そのデータが英和・和英辞典の編纂に
徹底活用されることで，執筆者の主観性を極力排除して辞書を編むというの
が，これから求められる新コーパス準拠の辞書ではないだろうか．[26]

---

[25] 学習英和・和英辞典に掲載されている大半の訳語は，翻訳の素人である辞書の執筆者が
主観的に考案・作成したものである．今となっては，辞書編集に初めて本格的に大規模コーパ
スを活用した Collins COBUILD English Language Dictionary（Sinclair, 1987a）や，日本国
内でも初めてコーパスが徹底活用された『ウィズダム英和辞典』（三省堂，2003）のいずれもが
モノリンガルコーパス（ここでは英語コーパス）のみを活用し編纂されている．現在では，市
販されているどの辞書もコーパス準拠を謳っているものが多いが，パラレルコーパスを使った
辞書は未だ見当たらない．
[26] このような理想をずっと抱きつつも，当時，コーパス言語学の多方面に亘る可能性を模
索しつつあった筆者には，パラレルコーパス研究のみに時間と労力を注ぐ余裕がなく，自らが
着手しなくとも，他の優秀な研究者がそのうち一般参照パラレルコーパスを構築し，その検索
ツールの開発も進めてくれるであろうと暗に期待していたが，その期待は大きく外れた．ただ
し，当時，英語コーパス学会で偶然出会った Lago NLP（旧 Lago 言語研究所）代表の赤瀬川
史朗先生と意見交換した際に，「このようなツールは仁科さんが中心になって開発していくべ
きではないか」と問われ，「それでは 10 年間誰も開発しなければ，私がやりましょう」と答え
たことを今でも昨日のことのように覚えている．あれから 10 年以上の月日が経ち，現在まで
従事してきた自身の研究も一段落ついた今，当時に発した自らの言葉を胸に，筆者は重い腰を
上げることにした．

2.7. まとめ

本章では，パラレルコーパスおよびパラレルコーパス言語学について述べ（2.2 節），パラレルコーパス言語学の研究を進めていく上でも大変参考になる学習参考資料の英和・和英対訳形式のテキストデータベース『英辞郎』を紹介し（2.3 節），パラレルコーパスの種類や，過去に構築された日英・英日パラレルコーパスを紹介した（2.4 節）．また，パラレルコーパス研究においては翻訳方向を加味することが重要である点や（2.5 節），オンライン上で検索可能なパラレルコーパス検索ツールについて紹介した（2.6 節）．次章では，具体的にパラレルコーパスを用いた分析例のいくつかを紹介する．

第3章　活用編：パラレルコーパスを用いた分析例

3.1.　はじめに

　本章では，パラレルコーパスを活用することでどのような分析が可能となるのかを，筆者が過去に従事した研究も交えながら紹介していく．Doval & Sánchez Nieto (2019, p. 3) によれば，パラレルコーパスやコンパラブルコーパスが狭義の意味で言語研究に貢献しうる領域として，basic research in contrastive linguistics and translatology（対照言語学および翻訳・通訳研究における基礎的研究），translation practice（翻訳・通訳実践），lexicography（辞書学），the teaching of foreign languages and translation（外国語教育と翻訳教育）であると指摘する．本章で示す分析例はこれらの領域のいずれかに属するもの，あるいは跨るものであり，パラレルコーパスやコンパラブルコーパスの可能性を具体的に示すものである．

　まず，3.2 節では，日本語で用いられる外来語（カタカナ語）とその元となる英語の意味のずれについてパラレルコーパスを用いて紹介する．次に，3.3 節では，辞書の記述を見直す際に参考となるパラレルコーパスの活用例を示す．具体的には，翻訳ユニットと交換可能性を中心に論じる．3.4 節では翻訳ユニットの意味的な分類に関する研究を紹介し，3.5 節ではコンパラブルコーパスを活用した分析例を紹介する．最後に 3.6 節で本章のまとめとする．

3.2.　借用語との意味のずれ：日本語的発想，意味的韻律など

　日本語の外来語（カタカナ語）は，元の言語の語と類似した意味・用法で使うものもあれば，もはや原義から全くかけ離れた意味をもつものや，部分的に

意味がずれているものなどがある．これは，目標言語の中で外来語として定着するうちに，その言語文化や慣習などと日々接触することで，意味が必要に応じて独自に変化した結果と言えよう．そこで，まずは Nishina (2008) で取り上げた condition の例を参考に見ていこう．

　日本語の「コンディション」は，「昨夜は大雨が降ったので，芝のコンディションはあまり良くない」などのように物などの状態を指して使ったり，「まだ，怪我が完治したばかりなので，コンディションが悪かった」のように，「（試合や本番など，実力を発揮すべき状況における）人の体や心の調子」または単に「体調，調子，具合」といった意味で使われることが多い．この外来語である「コンディション」は英語の condition からきたことばである．それでは，英語の condition は実際にどのように使われているのであろうか．

　以下は，人の体の調子を表す場合に one's condition が使われている例である．いずれも，BNC (British National Corpus) から抽出した英語母語話者が実際に使用している his condition の例である．いずれの例においても，「身体的に深刻な病気」や「身体的に危篤な状態」を表していることが分かる．

- By the time the cause was discovered, and **his condition** was diagnosed, it was too late.（原因が判明し，病状が診断された時には手遅れだった．）[HE4 S_brdcast_documentary]
- Edmunds, aged 19, has undergone emergency surgery for chest injuries at Leicester 's Groby Hospital where **his condition** was described as serious but stable;（19 歳のエドマンズは，レスターのグロービー病院で胸部損傷のための緊急手術を受け，深刻な状態だったが現在は安定しているとのことである．）[A8N W_newsp_brdsht_nat_sports]
- Pneumonia had followed pneumonia. Despite his crippling disease, he had still managed to practise psychiatry with some success; but finally, the progressive nature of **his condition** meant that he needed treatment in an intensive care unit with 24-hour-a-day supervision, breathing only with the aid of a respirator.（彼は立て続けに肺炎を患った．病状は深刻ではあったが，なんとか精神科医としての業務をこなしてい

た．しかし，病状の進行に伴い，最終的には 24 時間体制で集中治療が
必要となり，人工呼吸器がなければ呼吸さえできなかった．）[ASK W_
non_ac_humanities_arts]

・ Here, the patient, though chronically dependent on the ventilator is a
conscious, sentient person. Although **his condition** is in one sense
hopeless, in that he will not recover, it is not hopeless in the sense
that he is in imminent danger of dying.（ここでは，患者は慢性的に人
工呼吸器につながれているが，意識や感覚はある．彼の状態は，回復す
る見込みがないという点においては絶望的かもしれないが，命の危険が
さし迫っているわけではないという点においては希望が持てる．）[ASK
W_non_ac_humanities_arts]

　それでは実際にはどのように訳されることが多いのであろうか．上記の例か
ら導き出した推測が本当に正しいのかを詳しく調べるために，表 2-1 で紹介
した日英新聞記事対応付けデータ（JANAAD）（読売新聞とその翻訳版 Daily
Yomiuri の記事から構成されるパラレルコーパス）から，condition の例を抽
出した．[1] その結果，人の状態を表す英語 condition は大きく分けて「状態」と
「容体」がその対訳関係にあることが分かった．以下は，対訳ごとのコンコー
ダンスラインを無作為に選んだ結果を示す．なお，今回の JENAAD の検索に
は ParaConc（https://paraconc.com/）を使用している．[2]

---

　[1] JENAAD は日英パラレルコーパスであることから，本来であれば英→日方向で検索する
ことには向いていない．ただし，今回調査対象とした condition という語は新聞やニュースで
多用されている語であり，同ジャンルの英日パラレルコーパスであるロイター日英記事の対応
付け（REUTERS）のコーパスサイズ不足や condition の検索結果のヒット数などを考慮して，
便宜的にここでは JENAAD を用いた．
　[2] 日本語コーパス部分には分かち書き処理が施されているため，文節の切れ目ごとに余白が
入っていることに注意されたい．

82

suffered a brain hemorrhage and her	[[condition]]	became critical around 2 p.m. on July 19
ir villages under armed threat. As a	[[condition]]	for halting treatment to prolong life,
his real name. He fell into critical	[[condition]]	on the 10th night after being hospitali
han 1 percent end up in a brain-dead	[[condition.]]	Tokyo now faces the substantial danger
rming stage. Falling into a critical	[[condition]]	with the lower half of the body having
platelet. After being in a critical	[[condition]]	for a month, she died. A total of 181 .
o encourage the economy. The woman's	[[condition]]	gradually worsened, and she died of org
…，翌 十九 日 午後 から 危険 な	[[状態]]	に 陥った 後 は，小康 状態 …
… 医学 的 に 見て 回復 不能 の	[[状態]]	に 陥っている こと」を 挙げ …
… 入院 十 日目 の 夜，危篤	[[状態]]	に 陥った．警視庁 で この 口座 …
．り組む べき だ．そのうち 脳死 の	[[状態]]	に なる の は 一 ％ 以下 と …
．心臓 ショック を 起こし 危機 的 な	[[状態]]	に ……．◇ … 国際 ルール …
… かかり，約 一 か月 間 の 危篤	[[状態]]	の あと，八月 十六 日 に 死亡 …
…て くる．その後，女性 患者 の	[[状態]]	は 徐々に 悪化 し，今月 十 日 …

図 3-1.【condition- 状態】のパラレルコンコーダンスライン

rsonnel said they noticed the girl's	[[condition]]	was deteriorating shortly before 7 p.m.
orarily recovered consciousness, his	[[condition]]	took a sudden turn for the worse on May 10
t Germany. About a minute later, her	[[condition]]	worsened. Doctors did not notice the er
in blood samples from patients whose	[[conditions]]	were known to have worsened after Mori
Sendai, the number of patients whose	[[condition]]	suddenly deteriorated after they receiv
as with her at the time, the woman's	[[condition]]	took a sudden turn for the worse two or
be moderate this year. The patient's	[[condition]]	became worse because the concentration
oing an operation last year, but her	[[condition]]	suddenly worsened a few days ago. But .
bacteria. Two days later, the boy's	[[condition]]	deteriorated and he stopped breathing,
… で 逮捕）の 点滴 で 女児 の	[[容体]]	が 急変 した のに 気づいた …
… 戻った が，五月 十 日 に	[[容体]]	が 急変，十四 日 に 死亡 し …
… ．約 一 分後，女性 の	[[容体]]	が 悪化 した ため，付き添い の …
… 者 の 点滴 を 受けた 後 に	[[容体]]	が 急変 し，別 の 病院 に …
…，同 クリニック で の 点滴 後，	[[容体]]	が 急変 した 患者 は 判明 分 …
… 楽観 的 な 予測 を 語った．	[[容体]]	が 急変 した の は 二，…
．．中 の アルコール 濃度 が 高まって	[[容体]]	が 悪く なった が，看護 婦 …
… いた が，数日 前 から	[[容体]]	が 急変 した．だが，世界 …
．十七 日 に 突然 呼吸 が 止まる など	[[容体]]	が 悪化 した ため，人工 呼吸 …

図 3-2.【condition- 容体】のパラレルコンコーダンスライン

　図 3-1【condition- 状態】のパラレルコンコーダンスラインの調査から，キーワードとなる「状態」の直前には，「危険な」，「回復不能の」，「危篤」，「脳死の」「危機的な」など，身体的あるいは病状的に深刻な状態を表す修飾語句が

共起していることが分かる．また，図 3-2【condition- 容体】のパラレルコンコーダンスラインの調査から，今度はキーワードとなる「容体」の直後には，「急変した」や「悪化した」，「悪くなった」など，身体的状態が深刻な状態へと変化した様を表す動詞が共起していることが分かる．検索時には指定していないが，特に【condition- 容体】の場合には，自然と［所有格＋condition］の形式が多いことも分かる．このような例から，結論として，condition を用いて人の状態を描写する場合には，one's condition や critical condition の形で用いられることが多く，取り返しのつかない重病や身体的状況を表していることが分かる．

　一方，日本人英語学習者による one's condition の使用例には，そのような深刻な意味を示す例は見つからない．以下図 3-3 は，約 200 万語の日本人英語学習者話し言葉コーパスである NICT JLE コーパスから抽出した my condition のコンコーダンスラインである．[3] これらの例から，日本語の「コンディション」のふるまいが，英語の condition の使い方に転移され影響を与えている「母語転移」が起こっている．英国バーミンガム大学の Nicholas Groom 氏との私信においても，身体的な状態を表す場合に英語 condition を用いると，生死に関わるような（否定的で）深刻な身体状況を描写することになり，このニュアンスこそが当該語に含意された最も典型的な意味であると指摘していることから，日本人英語学習者に見られる「誤法」[4] であると思われる．なお，日本人英語学習者が意図していた，単に「具合が悪い」という意味の翻訳についても，パラレルコーパスを活用することで瞬時に獲得することができる．表 2-1 でも紹介した関西外大コーパス B（西村，2002）から抽出した翻訳例をまとめた表 3-1 を参照されたい．

---

[3] NICT JLE コーパスに収録されているデータの性質上，one's condition の用例は自分のことに関する描写に限定した my condition が大半を占めていた．
[4] 誤った語法ということで「誤法」というタームをここでは用いた．Fitikides (2001)，仁科・吉村 (2012) も参照されたい．

```
              no so so.So so. Yeah. Er. My condition is mm not good because
    today is mm little cold but mm my condition is not not so bad. Mm Ur
        ke sk spring mm but mm my condition is very bad. Hm. Ahm. I
            uh er ago ah-huh er my condition was too bad err to take
        But uhm rece recently my my condition not bad. But today uhm special on
will go home at er six o'clock. Because my condition is er bad. No no no.
    in fact uum yester yesterday my condition is not so good. So I I I
        it show it shows my condition .Um.  So um  I  umm
            time erm yeah my condition was very bad .
```

図 3-3. NICT JLE から抽出した my condition の使用例

表 3-1. 具合が悪い ≒ I'm not well / I'm sick （関西外大コーパス B 日英パラレルコーパスより）

具合が悪ければ休むといいよ，信夫はそう言おうとしたが黙っていた．	Nobuo wanted to say, "If you're not well, go to bed," but he kept silent.
具合が悪いのであったら，兄さんに薬を合わしてもうたら，ぴたりと直りますがや．	If something is wrong, you should let your brother make a potion for you. His medicine always works.
「具合が悪いんですか？」	Is he sick?
「具合はどう？」 暖い陽の射す芝生に椅子を出してまどろんでいる祐子の方へ歩み寄って，美樹が訊いた．	"How are you feeling?" Miki asked, walking over to the garden chair where Yuko was dozing in the sun.
「具合はどうなの？」	And his health?
具合は悪かないさ．ぴんぴんしてるさ．毎日何時間かはそとに出して運動もさせているし，食欲だって立派なもんさ．	No, not sick. Healthy as can be. It has a couple of hours exercise every day. Healthy appetite, ha ha.
「どうしたんですか，反省するなんて？体の具合がわるいんじゃないですか？」	"So what's with this repentance? You sick or something?"
「何だ？　からだの具合が悪いようだな」 貞行は片ひざをついて，信夫のひたいに手を当てた．	"I say. You're not looking very well." Masayuki knelt on one knee and placed his hand on Nobuo's forehead.
そのうち三沢が帰って来た．近頃は身体の具合が好いと見えて，髪を刈って湯に入った後の彼の血色は，ことにつやつやしかった．	Finally Misawa came back home. Lately he seemed to be in good shape, and he looked exceptionally slick after a haircut and a bath.

体の具合はとくに悪くはなさそうだが，どことなく動作がぎこちなく，目もとには不機嫌そうなしわが浮かんでいる．	He is still physically well, but his movements seem wrong. Ill-humored folds brew about his eyes.

　このように特定の語・句などが文脈中で示す肯定・否定的意味やその振る舞い，話者・書き手が示す評価や態度のことを，コーパス言語学や談話分析の分野では，意味的韻律（semantic prosody）や書き手の態度（writer's stance），評価（evaluation）といった用語で表す．[5] 例えば，true feeling(s) という句は，… will never reveal true feeling や … prevents me from expressing true feeling, … less open about showing true feeling のように用いられることから，true feeling（本心，本当の気持ち）をさらけ出すことは，あまり気が進まない否定的な行為であることが状況文脈から読み取れる．これは，日本語で「本心，本当の気持ち」を用いる場合にも，同様のことがあてはまるのではないだろうか．このような場合，true feeling(s) には否定的意味的韻律（negative semantic prosody）があると判断することができる．既に取り上げた one's condition の例も，このような意味的韻律の一種であると言えよう．Sinclair（1987b）も，特定の語・句が，特定の意味的環境（semantic environment）（p. 112）に生起しやすいことを指摘している．否定的な意味的韻律，（話者・書き手の心的）態度あるいは評価を表す語・句の例として，set in （Sinclair, 1987b），cause（Stubbs, 1995），utterly（Crystal, 2008），personal price（McEnery et al., 2006），sit through（Hunston, 2002）などがある．[6] 例えば，cause の場合は問題や被害，病気等を表す語が共起しやすい．以下は，Stubbs（1995, p.

---

　[5] Louw（1993）によると，意味的韻律（semantic prosody）とは，"consistent aura of meaning with which a form is imbued by its collocates"（p. 157）である．また，Stewart（2010, pp. 107–118）も，意味的韻律を調査するには，検索語の前後5語までの範囲だけでは十分ではなく，より広範囲に談話的・語用論的分析を実施する必要があることを指摘している．Koller and Mautner（2004）は前後25語にまで調査範囲を拡大することも提案している（詳しくは，Cheng（2013）も参照のこと）．

　[6] Hunston（2002）では，他にも in vain, in the sticks, off the beaten track などの例を挙げている．また，意味的韻律は評価に関する connotation（言外の意味）であること，否定/肯定的意味的韻律は通例否定の意味の方が顕在化されやすいこと，典型的用法からずらして用いることで皮肉を表すことができることなどを指摘している．

31) からの用例である．このような，意味的韻律や話者・書き手の態度／評価
の量的な傾向が分かるようになったこともコーパス言語学がもたらした恩恵の
一つである．パラレルコーパスやコンパラブルコーパスを用いることで，既に
見たような，日英語間における意味のずれや意味的韻律の不一致などにも気付
くことができる．

(1) East German restriction which **caused** today's **trouble**
(2) **considerable damage** has been **caused** to buildings
(3) a certificate showing the **cause** of **death**

　他にも日本語的発想から導かれる日本人的な間違いの典型例を紹介する．塩
谷 (2004) を参考にすると，「夢を見る」を直訳して "see／watch a dream" と
するのは誤訳であることから，×I saw／watched a dream last night. などと
は言えず，○I had a dream last night. と言うのが正解である．このような基
本的な英語表現は，4 歳ぐらいのアメリカ人の子供なら誰でも言える表現であ
る．英語の非母語話者である日本人にとっては，「見た」だから saw／watch と
直訳しがちであるが，これは，我々日本人が have を「持つ」と最初に覚える
ことから，「夢を持つ」という表現に違和感を感じるため，正しい訳に辿り着
かないという実状がある．これは，「キャッチボールをする」という表現が，
そのまま catchball や catch a ball と翻訳しがちであることからも指摘できる．
実際は play catch が正解である．catch a ball は，あくまで「ボールを受ける」
の意味でしかなく，「キャッチボール」は和製英語である．

　ここまで，既に日本語と英語で意味のずれが生じている和製英語の例とし
て，「コンディション」，「夢を見る」，「キャッチボール（をする）」を取り上げ
たが，実際に日本人英語学習者はこれらをどの程度正しく翻訳することが出来
るのであろうか．そこで，英語習熟度別（upper-intermediate, intermediate,
pre-intermediate）にどの程度典型的な誤訳を産出する傾向にあるのかを具体
的に調査した．調査協力者は，日本の関西圏にある私立大学で外国語や外国文
化を学ぶ大学生である．彼らの英語習熟度は A2-B1 の範囲である．表 3-2,
3-3, 3-4 の結果から，[コンディション -condition], [キャッチボール -catch(-)
ball], [夢を見る -see／watch a dream] と直訳した割合が，習熟度が低くなる

につれて高くなる傾向（反比例）にあることが分かった．よって，英語の初級学習者は，カタカナ語をそのまま和英翻訳する傾向にあると言えそうである．

表 3-2. 和英翻訳課題文 1：「今日は**コンディション**が悪いので欠席させて下さい」

	condition	others	N
Upper-intermediate	61.7%（29）	38.3%（18）	47
Intermediate	76.1%（35）	23.9%（11）	46
Pre-intermediate	71.4%（25）	28.6%（10）	35

表 3-3. 和英翻訳課題文 2：「昨日，父と公園で**キャッチボール**をした」

	catch(-)ball	others	N
Upper-intermediate	68.1%（32）	31.9%（15）	47
Intermediate	84.8%（39）	15.2%（7）	46
Pre-intermediate	85.7%（30）	14.3%（5）	35

表 3-4. 和英翻訳課題文 3：「昨夜，悪夢を**見た**」

	see / watch	others	N
Upper-intermediate	36.2%（17）	63.8%（30）	47
Intermediate	45.7%（21）	54.3%（25）	46
Pre-intermediate	65.7%（23）	34.3%（12）	35

また，類似した例として，仁科・吉村（2012）で示した 10 項目以上の日本人英語学習者による誤法のうち，日本語の「ガーデニング」とその英訳についてここで取り上げたい．『ジーニアス英和辞典第四版』によると，英語の gardening は不可算名詞用法のみ（uncountable noun only）と記載されている．一方で，garden には名詞（noun）と動詞（verb）の両用法があるとされている．以下は，学習者コーパスの中でも学術研究の目的から Web 上で一般公開されている日本人英語学習者コーパス Corpus of English by Japanese Learners（以下，CEJL）[7] から抽出した gardening の誤用例である．名詞 garden には

---

[7] CEJL の主な中身は，名古屋大学の授業で実施された課題の作文であり，合計 15 万語と

動詞用法もあるが，gardening は不可算名詞のみでしか使えないことは既に述べたとおりである．図 3-4 に示した 5 例中，初例を除く残り 4 例は to 不定詞の直後に gardening が共起している誤用例であり，「ガーデニングする」の英語動詞は garden であると認識していれば回避できた誤りである．[8] 4 行目の gardening の例においても，gardening の意味は「庭いじり」や「庭づくり」であり，特定の場所を示すわけではないので意味を成さない．また，gardening を可算名詞として使用している誤用例も図 3-5 に示すように散見される．gardening は「庭いじり」の行為を示す不可算名詞であるが，可算名詞として誤用する学習者も多い．

```
made garden. And then I was belong to gardening culab. I was tought how to be c
it is the reason that I don't want to gardening. But in my room, there are some
Gardening. After all, I didn't try to Gardening. So I don't like Gardening. By
ers and trees. so, I would often go to Gardening with my family. Watching beauti
<I 52445> When I little girl, I saw to gardening of my grandmother often. I have
```

図 3-4. CEJL から抽出した gardening の誤用例（1）

```
care every day. I was interested in a gardening when I was ten years old. But I
an> <G Male> <I 51424> I don't like a "Gardening", but I look at it and I think
g, I haven't done Gardening. What is a Gardening? I think it is hobby. I think i
flower shop. After all, I don't like a Gardening, but I don't dislike a Gardenin
ike a Gardening, but I don't dislike a Gardening. A joy that making something is
```

図 3-5. CEJL から抽出した gardening の誤用例（2）

仁科・吉村（2012）も指摘するように，どのような言い回しが正しいのかという規範文法的な立場から教えるのではなく，英語らしさというものが一体どういうことなのかという点に注目し，コンコーダンスラインを提示しながら発

扱いやすいコーパスサイズである．コーパス内容は課題（task）と題材（topic）から構成され，「絵・写真を使って描写する」，「地図を使って指示を行う」，「ストーリーテリング」が前者に分類され，「旅行」が後者に分類されている．そして，「メール・手紙」とこれらのどの分類にも当てはまらない「その他」が，一般的作文・その他に分類されている．

[8] つまり，日本語の「<u>ガーデニング</u>する」という「スル動詞」が付加された用法から，英語の gardening も動詞として使用可能であろうと誤って推測し産出された誤用表現であり，L1 の知識が L2 ライティングに影響を及ぼしている例である．

見学習させるような DDL（Data Driven Learning）などを活用して，文法指導を再度見直していく必要があるのではないだろうか．

3.3.　辞書の記述を見直す：翻訳ユニットと交換可能性

3.3.1.　翻訳ユニット再考

　次に，仁科（2008a, 2008b）でも取り上げたが，パラレルコーパスを活用して辞書の記述を見直す上で重要となる翻訳ユニットと交換可能性（reversibility）について概観する．まず，2000 年代に入ってから二言語コーパスを用いた語彙やフレーズの研究においては，Chang et al.（2005）や Shei（2005）などに見られるように，翻訳ユニット（Translation Unit: TU）の研究が注目されるようになった．本書 1.2 節で引用した Teubert（2001）の翻訳ユニットの定義について以下再掲する．

> The translation unit, that is the text segment completely represented by the translation equivalent, is the base unit of multilingual corpus semantics. Translation units, consisting of a single word or of several words, are the minimal units of translation. If they consist of several words, they are translated as a whole and not word by word.
>
> (Teubert, 2001, p. 145)

　さらに Teubert（2001）は，"more than half of the translation units are larger than the single word"（Teubert, 2001, p. 145）と指摘し，翻訳ユニットの多くが 2 語以上からなるフレーズなどの言語単位であると説明する．実際に前節でも用いた日英新聞記事対応付けデータ（JANAAD）を検索してみると，日英語間の翻訳ユニットの多くがフレーズ単位の固定表現であることが分かる（例．「大量破壊兵器の拡散」は the proliferation of weapons of mass destruction など）．このような時事問題に関する専門用語は，日英語間においては高い確率で一対一の対訳関係が成り立つ．

　一方で，「支援」のような抽象語についてはどうであろうか．aid, assistance, help, support など様々な英訳が想定されるが，こちらも JENAAD を

検索してみると，「食糧支援」，「後方支援」，「技術的支援」，「被害者支援」など，その多くが固定化された定型表現として出現しており，その英訳も food aid であれば「食糧支援」，logistic support であれば「後方支援」といった具合に，こちらも一対一の対訳関係が目立つ．よって，Teubert が指摘するように，日英語間の翻訳ユニットにおいても，単語単位というよりは，2語以上からなる共起表現，成句，複合語などの「より大きな言語単位」であるというのが概ね正しいと言える．逆に，このような慣習的に用いられている翻訳ユニット以外の言語表現を用いることで，不自然な翻訳を招く結果にもなりうる．よって，二言語間（ここでは日英語間）において，共起語の違いが訳語の違いを導き，訳語の違いが共起語の違いを生じさせていることが分かる．この言語事実は，以下の Sinclair (1991) の単一言語レベルの分析における指摘が，実は二言語間（あるいは，多言語間）においても当てはまることを意味している．二言語間においても言語の形式と意味が密接に関わっていることが，訳語とその共起語の観点から明らかである．

> In the relation of form and meaning, it became clear that in all cases so far examined, each meaning can be associated with a distinctive formal patterning…. Soon it was realized that form could actually be a determiner of meaning… (Sinclair, 1991, p. 6)

　結果，翻訳ユニットとは，二言語間（あるいは多言語間）において，交換が可能な語や句，定型表現などの言語の意味単位であると捉えることが出来る．辞書に掲載されている見出し語の訳語は，その共起関係にも注目しながら翻訳ユニット単位でパラレルコーパスから抽出したものを反映させるべきである．[9] 辞書の編纂者や執筆者の専門的背景は，言語学や英語教育，文学など様々であり，同時に辞書の執筆経験についても千差万別である．よって，彼らが自ら作り出す訳語には極めて恣意的で不完全性が残る可能性がある（Teubert 氏との私信より）．[10]

---

[9] 翻訳ユニットは時に形態素やエクスクラメーションマークなどの記号，lost in translation（翻訳上の省略）の場合もある．

[10] Teubert 氏から頂いたコメントの多くは，院生時代の個人指導時に頂いたものである．

3.3.2. 翻訳ユニット 不況≒ recession 再考

　ここから，仁科（2008a）で取り上げた例のいくつかを紹介したい．1.2 節でも少し取り上げたが，和英辞典に掲載されている情報とパラレルコーパスから抽出されたデータが如何に異なっているのかを説明する．まず，『ウィズダム和英辞典』（初版〜第三版）には，「円高不況」の翻訳ユニットとして the strong yen-caused recession や the high-yen slump が掲載されているが，パラレルコーパス（JENAAD）で検索すると，全 28 例中 13 例（46%）が recession / slump＋caused / triggered / marked / brought on by＋the yen's（sharp）rise / appreciation … と受け身のパタンで出現していた．他にも the economy slumped due to the yen's appreciation against the dollar の例などが抽出された．このような結果から，辞書の編纂に携わる執筆者が翻訳に長けているというわけではなく，パラレルコーパスを活用することでプロの翻訳家の中で共通認識として用いられている客観的で信頼性のある翻訳ユニットを得ることが可能となる．

```
Shock" (1973) and subsequent "high-yen recession," caused by a sudden appreciati
ped build the momentum to overcome the recession caused by the high yen. Order m
g the viral invasion. To avoid another recession caused by the yen's rise, the g
the Japanese economy was hard hit by a recession caused by the yen's sharp appre
Saturday. He said he survived the last recession caused by the high appreciation
as different from the situation in the recession caused by the yen's appreciation
hen the industry was severely hit by a recession marked by a high appreciation o
87, when the nation was experiencing a recession triggered by a sharp rise in th
rently suffering from a policy-induced recession brought on by politicians who l
period, and even more serious than the recession in 1986, which was caused by th
employment is less serious than in the recession of the late 1980s caused by the
y responsible for allowing the current recession, which was caused by the strong
16 furnaces have been closed since the recession of the late 1980s which was triggered by
```

図 3-6. JENAAD から抽出した「円高不況」の英訳例（仁科, 2008a より）

　なお，『ジーニアス和英辞典第三版』には，「不況」の訳語を主に三つ挙げており，その一つに recession≒を掲載しているが，その中に「世界的不況」に関する翻訳ユニットや用例の記載はない．一方で，『ウィズダム和英辞典第三版』には「不況」の訳語がその倍以上掲載され，「1930 年代の世界的大不況」を

92

the worldwide great depression of the 1930s とも訳しており，「世界的」＝
worldwide と捉えていることが分かる．しかしながら，「世界不況」や「世界
的不況」，「世界同時不況」といった「世界」＋「不況」の共起表現を JENAAD
で検索した結果，計 32 件の用例が見つかり，その約 8 割にあたる 25 例にお
いて recession が使われていた．その中で worldwide recession と訳されてい
たのはわずか 5 例であった．一方で，その約 3 倍以上の 17 例が global reces-
sion と訳されていた．この検索結果から，「世界」＋「不況」の共起表現は
global recession の方が自然な翻訳ユニットであると言えよう．以下は global
recession に訳されていた 10 例のコンコーダンスラインである．[11]

```
rn that Japan could trigger a global recession if its government were to dro
idst of a deep and persistent global recession. The Democrats, whose preside
he very real possibility of a global recession cannot be dismissed, as we ob
 to cope with the danger of a global recession, which has been growing stron
he attacks, thus triggering a global recession. The transmitters were assemb
ey were determined to avoid a global recession by making concerted efforts.
wing anxiety over a potential global recession. Norman first came to Kobe in
cing scheme. The simultaneous global recession has led to continued declines
ts economy to help fend off a global recession. Although one autocratic rule
n response to the progressive global recession, the prospects of even curren
```

　なお，一般的に広く認知されている汎用コーパス，例えば BNC で world-
wide recession と global recession を検索すると，前者の用例数が後者の用例
数の倍以上見つかるため，英語単体で考えた場合には worldwide recession の
方がむしろ妥当な表現であると考えるかもしれない．実際に，このようなデー
タは英英辞典の編纂時にも活かせるはずである．ただし，日英語間の翻訳ユ
ニットという視点から再考すると，議論は幾許か異なってくる．先程の BNC
のデータとは反し，JENAAD で検索した結果，global recession は合計で 28
例，worldwide recession はわずか 10 例のみが見つかった．また，worldwide

---

[11] この global recession の 10 例は無作為に抽出しており，1 行目は「世界不況」，2 行目は
「世界的不況」，3 行目以降は「世界同時不況」と対訳関係にあった．なお，recession 以外の訳
語が使われていた例として，depression が用いられた例が 2 例見つかった．1 例が worldwide
depression，もう 1 例が global depression であった．この結果からも，「世界（的・同時）不
況」を指す英訳には，global recession が最も好まれることが分かる．

recession 10 例のうち，「世界」＋「不況」の共起表現と対訳関係にあったのは再掲のとおり 5 例（50%），global recession 28 例のうち，「世界」＋「不況」の共起表現と対訳関係にあったのはこちらも再掲のとおり 17 例（61%）であった．よって，訳語の比率にはそれほどの開きはないものの，その絶対数からみて「世界」＋「不況」の共起表現については global recession と訳される傾向が強いことが分かる．

念のため 1.3.1 節で紹介した COCA でもこの二つの英語共起表現を検索してみた（2022 年 1 月 6 日に検索）．すると，BNC の結果とは異なり worldwide recession が 58 例，global recession が 274 例見つかり，global recession の方が優勢であった．そこで，1820 年代から 2010 年代までの 4 億 7500万語のコーパスサイズを誇る COHA で調べてみると（表 3-5 参照），worldwide recession の使用例が年代を追うごとに顕著に減少している一方で，global recession は 1980 年代から安定して用いられていることが分かる．これら複数のコーパス検索の結果と，BNC が 1980 年代から 1993 年までのイギリス英語を記録した汎用コーパスであることを考慮すると，現在では global recession の方がより一般的に使われ汎用化された共起表現であることが分かる．これは仁科（2008a）の執筆当時には知る由もなかった言語事実であり，Mark Davies が開発した English-Corpora.org（https://www.english-corpora.org/）の威力には脱帽するばかりである．

表 3-5. COHA による worldwide recession vs. global recession（2022 年 1月 6 日に検索）

	1940	1950	1960	1970	1980	1990	2000	2010
worldwide recession	1	0	0	5	11	4	1	0
global recession	0	0	0	1	7	3	6	7

他の recession に関する例としては，『ウィズダム和英辞典初版』に「長引く不況」の訳として protracted recession が掲載されているが，JENAAD の検索結果に従うと，「長引く不況」は計 22 例見つかり，その中で 14 例（64%）が recession に訳されていたが，protracted recession と訳されていたのはわ

ずか 2 例のみで，その 4 倍の 8 例が prolonged recession と訳されていた．よって，パラレルコーパスのデータに従えば，prolonged recession の方が和英辞典に掲載すべき訳例と言えよう．このように，パラレルコーパスや English-Corpora.org などを活用し複合的な視点から言語データを読み取ることによって，英和・和英辞典に掲載すべき訳語や記述を 1 段階上のレベルで見直すことが可能となる．なお，追記として，仁科 (2008a) が発表されてから四年後の『ウィズダム和英辞典第二版』以降においては prolonged recession が採用されており，辞書記述が確実に進歩を遂げていることが分かる．

3.3.3. deterioration の訳語再考

仁科 (2008a) では，「訳語，共起語，成句表現，メタファーなどの観点から分析を試み，パラレルコーパスから得られたデータが二言語間の言語特性を明らかにする格好の情報源であること」(p. 83) を示したが，中でも初めに取り上げた例は英語 deterioration の訳語についてである．以下，辞書記述等のデータをアップデートし改変した上で，その内容を簡潔に振り返る．

2009 年刊行の Collins COBUILD Advanced Dictionary では，deterioration について deteriorate の定義から "If something deteriorates, it becomes worse in some way." としているが，この記述はあまりにも抽象的であり，一体どのような対象物に対してどのように "worse" していくのかが明確ではない．『ウィズダム英和辞典第四版』では「(物・状況などの) 悪化，低下」であるとし，『ジーニアス英和辞典第五版』では「(品質) などの悪化，低下；堕落，退歩」としている．他に出版部数の多い『オーレックス英和辞典第二版』や『スーパー・アンカー英和辞典第四版』なども含めて，いずれの辞書にも具体的に共起語の情報や用例は掲載されておらず，ただ訳語が羅列されているだけである．日本語の訳語の違いから生ずる英語のコロケーションの違いには未だ注目されていない格好の例である．これは，現在の英和・和英辞典の編纂が一言語コーパス (主に英語コーパス) にのみ依拠しているためであり，この状況は 2022 年現在も変わらない．30 年近く前に Fillmore & Atkins (1994) は，辞書編纂の最大の敵は時間不足よりもスペース不足にあることを説いたが，deterioration についてはその語彙レベルからして詳細に記述するには値しない

語であるのかもしれない.[12]

　前節と同じく, JENAAD で deterioration を検索した結果, 合計で 127 例が見つかった. その中で, 特定した顕著な訳語には「悪化」(78 例),「低下」(11例), そして『ウィズダム英和辞典第四版』や『ジーニアス英和辞典第五版』などの英和辞典の記述にはなかった「劣化」(6 例) などが見つかった. また, これら大半の用例は deterioration + of / in + NP のパタンで使用されていた. このパタンの前置詞 of と in の直後に出現した名詞を訳語ごとにまとめてみると,「悪化」の場合には economy, relations, performance, conditions, business, environment, employment, earnings, balance, situation などが,「低下」の場合には abilities, capabilities, quality, trust, status, standards, function, economy, production などが,「劣化」の場合には dome, assets, substance, metal, concrete などが出現していた. よって, 訳語によって共起語が全く異なっていることが分かるだろう. 以下, 仁科 (2008a) でも掲載した JENAAD からの好例を三つ紹介する.

- ・[「悪化」の例] The unrelenting deterioration of the employment situation has led to increased anxiety throughout society.（歯止めなく進行する雇用の悪化が, 社会の不安を増幅している.）
- ・[「低下」の例] U.S. educational problems center on the deterioration of academic capabilities of students in primary, middle and high schools, the rise in the number of high school dropouts and the expansion of illiteracy among adults.（米国の小, 中, 高校生の学力低下, 高校中退者の増加, 読み書きのできない成人の増大など, 米国の抱える教育問題は深刻化している.）
- ・[「劣化」の例] We hope the work to retain the present appearance will be effective in preventing deterioration of the dome.（建築物としては

---

[12] 筆者も辞書の執筆に関わった経験があることから追記すると, 正確には, スペース不足により情報を取捨選択しなければならず, それが理由で執筆者は頭を悩まし, 多くの時間を割かなければいけないという状況に陥っている. 辞書の原稿執筆においては時間不足とスペース不足は決して別個に存在しているのではなく, 密接に関連していると捉える方が正しいのではないだろうか.

　　不安定な状態を維持し続けるわけで，対策は<u>劣化</u>との競争になる.）

　他の例も調査した結果,「悪化」の場合には, administrative service, corporate performance, employment condition, global environment, inventory adjustment, Japanese economy といった政治・経済・ビジネス関連の語・句と共起し，これらは現実世界には形がない状況や行為，関係（性）といった抽象的概念を示している．一方で,「低下」の場合には, academic capability や quality, ability といった学力や質，信頼度，活力，機能，生産力などの能力を表す名詞句が共起している．そして,「劣化」の場合には, assets, chemical substance, concrete, dome, metal といった名詞（句）が共起し，材質や物質，資産内容など具体的あるいは視覚的に捉えることのできる対象物が出現している．よって，日本語の訳語の違いは，英語の当該語のパタン中に生起する共起語の質と種類の違いに起因していると指摘できる．つまり，訳語は輪郭の見えづらい文脈依存から生じているというよりは，より局所的で可視化できる（対応関係にある他方の目標言語の）共起関係，つまり翻訳ユニットに依存していると捉える方が妥当な見方であろう．このような調査を経ることで，現行の英和辞書記述の改善点として，訳語に「劣化」を追加することを検討し，訳語ごとの共起語の違いを示すことを挙げたい. Fillmore & Atkins (1994) の指摘する辞書記述のスペース不足問題から，実際に共起語や用例を豊富に掲載することはできなくとも,「（政治・経済・ビジネスの）悪化」,「（能力・学力・質の）低下」,「（材質・物質の）劣化」など, deterioration の対象物を詳細に示す方がよりユーザーフレンドリーではないだろうか.

3.3.4.　交換可能性を数値化する

　仁科（2008b）では交換可能性という概念の下,[13] 日英語間の翻訳ユニットからそれぞれの単独出現回数と共通出現回数を用いて日→英，英→日のカバー率を算出し，それらのスコアの平均値を算出することで交換可能性指標を導き

---

[13] 交換可能性とは，2言語間における翻訳ユニットが果たして双翻訳方向で交換可能なのかという概念を指す.

だした.[14] 例えば，日本語の「不況」という語には，その英語の翻訳ユニットとして recession（55.9），slump（22.9），depression（8.5），slowdown（4.8），stagnation（5.6），downturn（5.9）などがあるが，この中では交換可能性指標が 55.9 と最も高い recession が信頼性の高い翻訳ユニットであると結論づけることができる．この手法は，翻訳ユニットが多数見つかった場合に，どのユニットに信頼性を置くべきなのかを客観的指標をもって判断する上で重要と言えよう．また，手計算ですぐに算出できるため，以下，参考にして頂きたい.

　交換可能性スコアの算出には，翻訳方向を加味する場合としない場合で計算のプロセスが異なる．既に 2.5 節で指摘したが，基本的に翻訳方向を加味することは翻訳実態を精緻に把握する上で極めて重要である．ここではその方法を紹介する．交換可能性を知る上では，まず同一ジャンルで双翻訳方向のパラレルコーパス（ここでは日英・英日パラレルコーパス）が必要となる．以下，コーパスが準備出来たと仮定して，翻訳方向を考慮する場合と考慮しない場合の算出手順を示す.

［翻訳方向を考慮する場合］

① 日英パラレルコーパスと英日パラレルコーパスのコーパスサイズを均等になるように補正する.

② 調査したい翻訳ユニットを選定する（例. 仁科（2008b）では「不況」を表す類義語を英語から 4 種，日本語から 9 種選定）.

③ 翻訳ユニットが複数ある場合は下表 3-6 のようなクロステーブルを作成する．E1 〜 E4 は英語の類義語を，J1 〜 J3 は日本語の類義語を表す．また，A％＋D％＝100％，B％＋E％＝100％ といった具合に，各翻訳ユニットにおける翻訳の二方向の割合を足すと 100％ になることに留意されたい.

---

[14] この指標の算出にあたっては，石川（1998）や仁科（2007a）による大学入試用英単語集の妥当性の量的検証で用いた手法からヒントを得ている.

表 3-6. 翻訳方向別の割合

	E1		E2		E3		E4	
	日→英	英→日	日→英	英→日	日→英	英→日	日→英	英→日
J1	A%	D%	G%	J%	M%	P%	S%	V%
J2	B%	E%	H%	K%	N%	Q%	T%	W%
J3	C%	F%	I%	L%	O%	R%	U%	X%

　①にて既にコーパスサイズに補正をかけているので，③で作成した割合表をそのまま参考にして，どの翻訳ユニットが日英あるいは英日のどちらの翻訳方向で使われやすいのかを一覧比較することができる．この結果を元に，英和・和英辞典の訳語等を見直すことも可能である．例えば，E1 と J1 の翻訳ユニットでは日英方向では A%，英日方向では D% 翻訳されていたとする．この場合 A>D であれば，そしてその割合の開きが大きければ大きい程，日⇄英のような双方向翻訳は難しく日→英のみで用いられる傾向の強い翻訳ユニットである，という帰結が導き出される．仁科（2008b）の調査では，どちらかの翻訳方向に偏向しているものと，その比率がある程度拮抗しているものに分かれており，日英・英日間の翻訳実態の一端が量的に可視化された.[15]

［翻訳方向を考慮しない場合］

　翻訳方向を考慮しない場合は，交換可能性の概念自体が異なるため，算出方法も異なる．例えば，日英翻訳方向のパラレルコーパス JENAAD と英日翻訳方向のパラレルコーパス REUTERS を合算したコーパス内では，[16] recession は合計で 652 回出現しており，「不況」は合計で 664 回生起している．そして，お互いが翻訳ユニットとして出現したのが合計で 368 回である．百分率換算で「不況」の約 55.42% が recession を，recession の約 56.44% が「不況」を翻訳ユニットとしている．これら日英・英日翻訳ユニットのカバー率の平均値を交換可能性スコアと設定すると，recession と「不況」のペアの場合，交換

---

[15] 例えば，slowdown と「後退」の翻訳ユニットでは日英方向への翻訳が 59%，英日方向への翻訳が 41% とある程度拮抗しているのに対して，downturn と「不振」では日英方向への翻訳が 17%，英日方向への翻訳が 83% と後者に偏向している（仁科（2008b）を参照）．

[16] これらパラレルコーパスの詳細については 2.4 節の表 2-1 を参照されたい．

可能性スコアは (56.44 + 55.42) × 1/2 = 55.93 となる．互いのカバー率を算出しその平均値を求めるだけなので，計算式としては分かりやすいはずである．但し，算出された交換可能性スコアは，データ元のコーパスの質，特にジャンルに左右されることには留意されたい．以下，手順をまとめる．

① 調査したい翻訳ユニットをいくつか選定し，各出現回数について表 3-7 のようなクロステーブルを作成する．

② 既に説明のとおり，各語と翻訳ユニットのカバー率を算出する．E1 と J1 の翻訳ユニットの場合であれば，G/A*100 と G/D*100 が日英・英日各翻訳方向のカバー率となる．

③ ②で算出した翻訳ユニットごとのカバー率の平均値を算出する．これが交換可能性スコアとなる．

④ ③で求めた交換可能性スコアをグラフや表などで分かりやすく可視化する．

表 3-7. 翻訳ユニットのクロステーブル

	E1 (A 回)	E2 (B 回)	E3 (C 回)
J1 (D 回)	G 回	J 回	M 回
J2 (E 回)	H 回	K 回	N 回
J3 (F 回)	I 回	L 回	O 回

　上記の手順を踏み，仁科（2008b）では，recession とほか計 6 種の類義語と「不況」とほか計 7 種の類義語について交換可能性スコアを算出し，recession と「不況」，depression と「恐慌」などの翻訳ユニットの交換可能性スコアが極めて高いことが分かった．このような結果を通して，客観的な指標をもって現行の英和・和英辞典に掲載されている訳語の見直しを実施することが出来る．以上，いずれの場合も具体的な算出例等の詳細は仁科（2008b）を参考にされたい．

3.4. 翻訳ユニットの意味的分類の例

3.4.1. 染谷他 (2011) における「〜切る」と仁科 (2020) の「固める」の場合

　オンライン上で検索できる日英パラレルコーパスの一つに Wikipedia 日英京都関連文書対訳コーパスがある（現在，本コーパスが検索できる独自サイトは消滅し，筆者が運営する『パラレルリンク』に搭載されている）．このパラレルコーパスには，Wikipedia の日本語記事（京都関連）とその英訳（人手翻訳による約 50 万の対訳文のペア，日本語の語数は約 1,000 万語）が収録されている．オンライン上で LWP (Lago Word Profiler) と称されるレキシカルプロファイラー（コーパス検索ツールの一種）を用いて分析することが可能である．染谷他 (2011) では，このコーパスを用いて日本語の「〜切る」という表現を分析した結果，*completely becoming* NP *itself*（〜になり切る）や *played* NP *excellently*（見事に演じ切って）のように翻訳されていたことを紹介した上で，各々の英訳を分析した結果，大きく分けて (1) confidently（自信満々），(2) strongly, clearly（強調），(3) completely（完全・完遂），(4) extremely, fully（極度・限度いっぱい），(5) excellently（称賛）などの副詞的意味が内包されていることを明らかにした．実際には，本研究ではより深く考察されているが，いずれにしても，コンコーダンサーを超える新たな検索ツールが開発されたことによって，パラレルコーパス分析が新たな局面を迎えたことは注目に値する．このように，パラレルコーパスは手近で信頼できる電子翻訳家としてその活用が期待される．特に，現行の英和・和英辞典には掲載されていないような特殊で複雑な翻訳情報も獲得することが可能となる．今後，二言語間における未だ明らかになっていない翻訳ユニットの存在を次々と量的に解明することで，辞書編纂や教材開発の新たな扉が開かれることが期待される．

動詞+～

コロケーション	FQ	MI	LD
言い切る	12	7.09	5.50
なり切る	8	4.00	2.43
使い切る	6	7.40	5.78
逃げ切る	5	10.89	8.80
飽れ切る	4	11.93	9.91
まかせ切る	3	13.20	9.44
収まり切る	3	11.46	8.84
演じ切る	3	9.10	7.26
煮え切る	3	14.70	9.65
荒らし切る	3	12.99	9.39
登り切る	3	10.51	8.30
信じ切る	3	9.35	7.32
信頼し切る	2	11.93	8.67
冷え切る	2	12.82	8.89
出し切る	2	6.31	4.68
分かり切る	2	7.21	5.52
回り切る	2	9.51	7.44
売り切る	2	8.92	6.99
守り切る	2	7.97	6.20

Page 1 /1　100　　　　　

演じ切る

しかし雁治郎は尾上松緑(2代目)から役の性を教えてもらうなど、自身なりの鎌七を見事に演じ切って賞賛を浴びた。
- However, Ganjiro learned from Shoroku ONOE (II) concerning the nature of the role and played his own Kamashichi excellently and received praise.
文化 (CLT01265)

そのため、このあと、大播磨は絶妙な間合いで笑いが引くのをまってから、悪徳坊主の面白みをチャリの笑いから引き継ぎ、観客を魅了する名人芸で見事に演じきる様を、現代でも聞くことができる。
- Listening to the record, it is known that O-Harima waited until the audience settled down, and at miraculously good timing, resumed performing as the bad cha-bozu (tea-server); he took advantage of the laughter triggered by Yamakawa's chari and finished the performance perfectly fascinating the audience.
文化 (CLT02043)

十五代目市村羽左衛門の悪党ぶりは「江戸で食い詰めて大和の故郷に帰ってきたチンピラ」を格好よく演じ、対する二代目実川延若のこくのある権太は「田舎の不良」をそのままに演じ切り、権太の双璧とされた。
- Uzaemon ICHIMURA the 15th acted the villain of 'cheap hoodlum who couldn't make a living in Edo and came home in Yamato' very cooly, while Enjaku JITSUKAWA the second acted Gonta as a 'delinquent in the country' very naturally; they were regarded as two of the greatest performances of Gonta.
文化 (CLT01868)

Page 1 /1　100　　　　　3件中　1 - 3を表示

図 3-7. 複合動詞の後項にくる「切る」のコロケーションとその日英翻訳の用例

　仁科（2020）では日本語動詞「固める」を現代日本語書き言葉均衡コーパス（BCCWJ）や Wikipedia 日英京都関連文書対訳コーパス（WKL）を使って分析し，質の高い日英翻訳ユニットの抽出に成功している．染谷他（2011）と比較して，この研究では，よりコーパス駆動型見地から「固める」の意味分類に成功している．その方法とは，まず，翻訳上の起点言語となる日本語動詞「固める」に関する調査からはじまり，その頻出パタンを見極めた．前述の両コーパスの検索の結果，BCCWJ では全用例のうちヲ格の「X を固める」が最多で1,084 例ヒットし全体の 7 割に達しており，WKJ では同じパタンが 197 例ヒットし全体の 5 割強を占めていた．次に，「X を固める」の X 位置に生起する名詞を調査した結果，BCCWJ で計 320 種，WKL で計 64 種見つかった．これら名詞の意味分類を国立国語研究所コーパス開発センターが公開している分類語彙表増強改訂版データベース（https://pj.ninjal.ac.jp/corpus_center/goihyo.html）に基づき行い，そのデータを参考に「X を固める」の意味分類を行った．その結果，BCCWJ では 6 種の部門（活動，関係，自然，主体，生産品，生産物）と WKL では 5 種の部門（活動，関係，自然，主体，生産物）で使われていることが分かり，さらに中項目と呼ばれるより詳細な意味分類の数は BCCWJ が 38 種と WKL が 23 種であった．特に BCCWJ の調査から分

かった中項目に分類される 38 種のうち，心，身体，空間，交わり，類を表す 5 種の意味カテゴリーが顕著に「X を固める」に出現していることが分かった.[17] これら 5 種の意味カテゴリーに属する具体的な名詞を WKL で調べたところ，心では 7 種，身体では 2 種，空間では 16 種，交わりでは 5 種，類では 3 種見つかった．例えば，心の意味カテゴリーに分類された 7 種の名詞には「方針を固める（10 例）」，「決意を固める（10 例）」，「意志を固める（3 例）」，「心を固める（2 例）」，「志を固める（1 例）」，「意思を固める（1 例）」，「覚悟を固める（1 例）」がある．これらの翻訳例を WKL から抽出し，その翻訳の量的傾向を探った．そして，その結果を反映した独自の和英辞典記述案を作成した．以上が，仁科（2020）の簡単な分析の流れとなる．

　WKL を使った理由は，コーパスサイズ，翻訳の質，そして LWP が使えることからパタン分析が容易に実行できるためである．理想としては，一般参照日英・英日パラレルコーパスが存在していれば，そちらを使うことで，この研究で実施したような日本語一般参照コーパス BCCWJ を使った中間調査などを省略することができ，分析時間の短縮にも繋がる．これが，第 4 章以降で詳説する『パラレルリンク』の開発とその活用にも繋がっているわけである．

3.4.2. 仁科（2008a）における「求心力」を再考する

　Lakoff（1987）や Lakoff & Johnson（1980）など従来の認知言語学的視点に立ったメタファー・メトニミー研究は，人間の物事に対する理解が心理的・認知的操作であるという考えの上に成り立っており，研究者自身にその比喩の意味解釈を負うところが大きく，極めて主観的な分析手法を採ってきた．この理由から，Teubert（2001）のように，認知言語学と客観的な計量分析を主体とするコーパス言語学には接点がないと主張するものもいる．一方で，Knowles & Moon（2006）は画期的な書籍であり，執筆者の Rosamund Moon は Wolfgang Teubert と同じく英国バーミンガム大学で教鞭を執りながらも，メタファーは文学作品のような特定ジャンルのテクストのみならず，全

---

[17] 中項目「心」は部門「活動」，中項目「身体」は部門「自然」，中項目「空間」は部門「関係」，中項目「交わり」は部門「活動」，中項目「類」は部門「関係」にそれぞれ属する．

ての言語活動で用いられる基本的言語事象であることを指摘した上で，新聞や
モニターコーパスの一種である Bank of English から抽出した用例を基にメ
タファー研究の新しい方向性を開拓した．仁科（2008a）においては，メタ
ファー分析にもパラレルコーパスが有効であることを示した．そこで取り上げ
た centripetal force と「求心力」の調査結果について，内容を改変・発展させ
た上で，以下簡単に論をまとめる．

　日本語の「求心力」には字義的意味であり物理学用語としても用いられる
centripetal force の意味と，非字義的意味である比喩的意味がある．一般的な
学習和英辞典では重要度の低いフレーズであるためか，字義的意味のみを掲載
している．しかしながら，我々が日常生活で言語活動を行う上で，肌感的に
は，より非字義的意味で使われる機会が多いと感じるのではないだろうか．そ
うであれば，辞書の記述を見直すべきであろう．2018 年刊行の『広辞苑　第七
版』の「求心力」の項には，はじめに「向心力と同義」とされており，「物体が
円運動をする時，この円の中心に向かって物体に働く力」ということが分かる．
2014 年改訂の Longman Dictionary of Contemporary English 第六版の cen-
tripetal force の項では，" (technical) a force which makes things move to-
wards the centre of something when they are moving around it" と記されて
いる（括弧書きの technical はジャンル・レジスターを示すラベル）．よって，
具体的な様態は不明ではあるが「様々な外的要素が内部の焦点に引き寄せら
れている」（仁科，2008a, p. 92）といった抽象的な事象が認められる．認知
言語学では，メタファーには異なる二つの認知領域があると仮定しているが
(Lakoff, 1987; Lakoff & Turner, 1989; Croft, 1993)，他方の事象概念を「求
心力」の概念に重ねやすく（Knowles & Moon, 2006, p. 3），中心に引き寄せ
られる様態や原因などが恣意的であることが，本フレーズが非字義的意味であ
る比喩としての意味拡張を引き起こしている原因であると予測できる．

　実際に，予備調査としてまずは英語コーパスで centripetal force を検索して
みた．その結果，BYU-BNC では複数形も含めて計 8 例がヒットし，そのう
ちの 2 例が比喩的意味で使用されていた．[18] なお，COCA でも検索してみる

---

[18]　現在，BNC を検索できるサイトには，BNCWeb at Lancaster University (http://

と，合計 76 例（単数形 53 例，複数形 23 例）が見つかったことから，当時分析を実施した 2008 年よりは，コーパスからより豊富な用例が獲得できるようになったと思われる．ただし，当時は BNC の検索結果に見られたような用例数の不足から，Google 検索や Yahoo! 検索などを徹底活用したウェブ調査による結果に依拠する研究も多かった．この手法は現在でも活用できる手法である．具体的には，Google 検索で，centripetal force と「求心力」を検索し，ヒットした各上位 100 ～ 1,000 件の用例を手作業で調べるという手順である．Google 検索等を活用する場合は，必要に応じてドメインを指定した方がよく，必要に応じて衣笠（2010）や仁科（2013, 2014b）も参照されたい．

　話を戻すが，仁科（2008a）の検証結果では，日本語の「求心力」はウェブ上から獲得したほぼ全ての用例において非字義的意味で使用されていた（100件中 99 件）．一方，英語の centripetal force はその 90% 以上が字義的な物理学用語の意味として使われていた（100 件中 94 件）．この理由として，日本語の検索では，新聞・ニュース・書籍といった非字義的意味が使われやすいメディア関連のサイトが上位にヒットし，英語の検索では物理学や数学，専門用語辞典といった字義的意味が出現しやすいサイトが上位にヒットしていたことが挙げられる．現在もその傾向はそれほど変わらず，「求心力」を検索してみると「自民・石破派，わずか 6 年で幕切れ…求心力低下で「緩やかな議員グループ」に」（https://www.yomiuri.co.jp/politics/20211202-OYT1T50081/）といった讀賣新聞オンライン 2021 年 12 月 2 日付けの記事などがすぐヒットする．このようなコーパス検索やウェブ検索を通した予備調査から，日本語の「求心力」は非字義的意味つまり比喩的意味で用いられることが多く，英語の centripetal force では字義的意味つまり物理学用語の意味として用いられることが多いことが分かる．しかしながら，実際にどのような比喩的意味が存在しているかが明確ではない．Lakoff & Johnson（1980）は，「恋愛」を 5 つの構造メタファーに分類し，Kovecses（2000）は人間の感情の「怒り」を全部で

---

bncweb.lancs.ac.uk/），BYU-BNC（https://www.english-corpora.org/），Intellitext（http://corpus.leeds.ac.uk/itweb/htdocs/Query.html），Phrases in English（http://phrasesinenglish.org/），小学館コーパスネットワーク（https://scnweb.japanknowledge.com/BNC2/），Sketch Engine（https://www.sketchengine.eu/british-national-corpus-bnc/）などがある．

12 種に分類しているが，今回の「求心力」の場合はどうか．

　そこで，実際に JENAAD で検索してみると，「求心力」は合計で 38 例見つかった．この中で非字義的意味が表出し，比喩的に言い換えられて翻訳されていたのは 30 例であった．また，6 例が直訳の centripetal force と訳され，残りの 2 例は英訳自体が省略されていた（いわゆる lost in translation である）．なお，centripetal force として訳された全 6 例においても，いずれも政治的意味合いの比喩として用いられていることが分かった．以下はその中の 3 例を示す．

・The end of the Cold War structure and the nexus between politics, industry and bureaucracy also caused politics and philosophy to lose their centripetal force.（冷戦構造の崩壊と政・官・財の癒着によって，政治も哲学と求心力を失った．）

・However, at this moment a centripetal force is required to put into practice new political policies.（だが，現実に政治を動かすには，ある種の求心力が必要だ．）

・Who will be the centripetal force influencing the outcomes of the two elections--Koizumi or Ishihara?（二つの選挙に向け，求心力の中心は果たして誰か．）

　初めの例では政治・哲学における活力を指し，二つ目の例では政治や新しい政策を実行するために必要な起動力と解釈できる．最後の例では，最終的に最も大きな政治的権力を持つであろう特定の個人を指している．これらの用例では，翻訳家がその効率性から「求心力」を centripetal force と直訳した可能性があるが，実際には，BNC や Google・Yahoo! などのウェブ検索の結果から分かるように，centripetal force は字義的意味で使うのが一般的である．よって，日本語の「求心力」を英語で捉えるには，やはりパラフレーズされた 30 例の英訳を吟味する必要があるだろう．そこで，実際に英訳から見た「求心力」の比喩的意味を分類してみると，①「結束力・統一性」8 例，②「指導力」7 例，③「（政治的な）権力」5 例，④「中心的役割」2 例，⑤「魅力」1 例，⑥「神聖な力」1 例，⑦「秩序」1 例，⑧「世界的な国の地位」1 例，⑨「影響力」

1 例，⑩「能力」1 例，⑪「責任」1 例，⑫「（政策実行に必要な）環境」1 例，の計 12 種類に分類することが出来た．中でも①「結束力・統一性」と②「指導力」，③「（政治的な）権力」の比喩的意味が顕著に使われていたため，これらを和英辞典の記述に反映させるべきではないだろうか．参考までに，「結束力・統一性」と解釈できる 3 例を以下に挙げる．特に英訳の部分である fall apart, binding the separate republics, the cement of their cohesion は「求心力」の翻訳ユニットであることから，「求心力」がいくつかの要素の集合体とみなされていることが分かる．そして，政党や政治的スローガン，政府，国家，社会，機関の権威に関わる結束力・統一性を表す意味で用いられていることが分かる．

- 政治改革法の成立後急速に求心力を失ったのは，次なる政治目標を設定できなかったからだ．(This administration began to rapidly fall apart, however, after it put its political reform bills through the Diet because it failed to come up with a new political goal.)
- 共同体が求心力を持てそうな中央機関は作られず，ベラルーシの首都ミンスクに調整機関だけを置く．(It allows for no central authority binding the separate republics, with only a coordinating organization set up in the Byelorussian capital of Minsk.)
- 反共スローガンは，冷戦構造の崩壊で，かつてのような求心力を失った．(This is mainly because their anticommunist slogans have ceased to be the cement of their cohesion following the collapse of the Cold War world structure.)

以上，抽象的な言語の意味分析についてもパラレルコーパスが有効な情報資源となることが分かった．Johansson (2007, p. 28) も "In monolingual corpora, it is relatively straightforward to study forms and formal patterns, but meanings are less accessible. One of the most fascinating aspects of multilingual corpora is that they can make meanings visible through translation." と指摘し，多言語コーパスを活用する利点とは，実際に翻訳を通して意味が可視化される点にあることを強調している．特に，今回の事例では，現在まで主

観的な解釈に頼らざるを得なかったメタファーの意味分類が可視化され計量的に抽出可能となり，分析結果に客観性と信頼性が加わった．和英辞典における「求心力」の項では，その使用率からも非字義的意味である「結束力・統一性」，「指導力」，「権力」のいずれかを掲載することを検討してもよいのではないだろうか．[19] あるいは，記述スペースが許すのであれば，字義的意味と非字義的意味とに分けて記述し，具体的な用例の掲載も検討に値するであろう．

3.5.　コンパラブルコーパスを活用した分析例
　　　―仁科 (2009) における terrorism と「テロ」の場合―

　次に，コンパラブルコーパスを活用した分析例を紹介する．仁科 (2009) では，当時から，英語と日本語の双方において時系列検索が可能であった Google News UK を用いて，terrorism, terror,「テロ」，「テロリズム」の 4 種の語の用例数の経年的変化を 1998 年から 2007 年まで調査した．その結果，2001 年のアメリカ同時多発テロ以降，上記の英語の 2 語 (terrorism と terror) と日本語の「テロ」については，その用例数が急激に増加したことを確認した．[20] 英語の 2 語を比較した場合，特に terrorism の用例数の伸びが顕著ではあったが，2006 年以降は双方ともに同程度の用例数に落ち着いていた (2006 年は双方ともに 180,000 例前後を推移)．一方，日本語においては調査対象とした 10 年間の中で「テロリズム」という語が使われたケースはあまりなく，その事実とは対照的に「テロ」は 2001 年以降にその使用例が顕著に増えていった．特に，日本語において「テロ」という「テロリズム」の省略語は，「X テロ」の形式で名詞句としてメディア等で使われることが多かった．「X テロ」の例には，特定の国家や組織，あるいは集団を狙った「爆弾テロ」，民族・宗教・政治的思想に基づく「自爆テロ」，現代科学のテロ戦法とも呼ぶべき「化学テロ」や「核テロ」，それらがより具体化し日本でも当時トップニュースに

---

[19] 学習英和・和英辞典では，記述できるスペースに限りがあることから，汎用性の高い確立された訳語が優先されることも多い．パラレルコーパスから抽出したパラフレーズ文などの掲載方法については色々と工夫が必要であろう．

[20] 一般的に，日本語が省略をよく使う言語であることにも留意されたい．

なった猛毒サリンを用いた「薬品テロ」や，米国で発生した「炭疽菌テロ」などがあり，テロの手法や様態が複雑化するに連れて，その出現頻度も比例して増えていることが分かった．

　この先行調査の結果から，仁科 (2009) では，英語の terrorism と日本語の「テロ」が当時のテロリズムという概念を表す一般的な語であると判断し，これらの語を含む英語と日本語のコンパラブルコーパスを独自に構築することで，その実態調査を行った．この実態調査で実施した考察手順は次のとおりである．

1. Google News UK と Google News JAPAN から各語の用例を 1,000 件ずつ抽出して，英語と日本語の用例コンパラブルコーパスを構築[21]
2. 構築した用例コンパラブルコーパスから当該語をキーワードとして，その前後 4 語以内に共起している語を調査
3. N-gram 検索により，当該語を含むセットフレーズの様態を調査
4. これら共起関係の経年的変化と言語間の違いを調査

　研究結果をまとめると，Google News Archive による調査では，terrorism のヒット件数は 5 万例に近い一方で，「テロ」は 3 千例程度であった．これらの用例からランダムに 1,000 例ずつを抽出し，日本語においては WinCha (Ver.1.0)[22] を用いて分かち書き処理した上で，機能語（「は」や「が」，of，the など）を省いて n-gram 調査を実施した．英語においては手動によるレマ処理も行っている．日本語「テロ」と英語 terrorism の bi-gram の結果は以下のとおりである（括弧内の数字は頻度を示す）．特に，「テロ X」の場合には，テロリズム対策関連表現やテロリズム支援関連表現が多く，「X テロ」の場合

---

[21] 用例コンパラブルコーパスの構築にあたっては，Google UK と Google Japan が公開している Google News Archive Search を用いた．Google News は，Google が大手新聞社やアーカイブ企業と提携し新聞・雑誌記事検索を可能にした検索プログラムであり，非母語話者のブログやウェブサイト記事といった信頼性の欠ける言語データからの用例の抽出が回避され，より信頼性のある時事言語資料コーパスの構築が可能となる．

[22] 奈良先端科学技術大学院大学松本裕治研究室の Web サイト上には，日本語形態素解析システム ChaSen「茶筌」を含む様々な自然言語処理ツールが公開されている．そちらも参照されたい．

には，その多くがテロの様態を示す連語であることが分かる．一方，terrorism X の場合には，法律関連表現が多く，X terrorism の場合には「X テロ」の場合と類似してテロリズムの様態を表す表現が多いことが分かる．

[テロ X の bi-gram] → テロリズム対策・支援関連表現が多い

テロ支援 (242)，テロ対策 (146)，テロ組織 (125)，テロ活動 (26)，テロ事件 (25)，テロ戦争 (25)，テロ以降 (22)，テロ特措法 (15)，テロ警戒 (15)，テロ指定 (14)

[X テロの bi-gram] → テロリズムの様態を表す表現が多い

国際テロ (91)，自爆テロ (87)，対テロ (62)，同時テロ (60)，多発テロ (59)，爆弾テロ (56)，新テロ (45)，爆破テロ (18)，食品テロ (11)，化学テロ (8)

[terrorism X の bi-gram] 法律関連表現が多い

terrorism act(s) (34)，terrorism charge(s) (28)，terrorism case(s) (32)，terrorism law(s) (20)，terrorism efforts (14)，terrorism offences [offenses] (13)，terrorism suspect(s) (17)，terrorism measures (9)，terrorism overseas (8)，terrorism-related (6)

[X terrorism の bi-gram] テロリズムの様態を表す表現が多い

anti-terrorism (94)，counter-terrorism (88)，fight (ing) terrorism (58)，combat(ing) terrorism (33)，nuclear terrorism (14)，support(ing / s) terrorism (12)，international terrorism (12)，global terrorism (11)，inciting terrorism (11)，Islamic terrorism (9)

　上記のように日英用例コンパラブルコーパスを用いて n-gram の分析を機能語，助詞等を省いた上で，tri-gram，4-gram，5-gram と実施した．その検索結果を精緻に分析した結果，当時の日本語名詞「テロ」の用例数の増加の背景には，特に，テロの支援国家と黙されている北朝鮮と関連づけたフレーズの使用が影響していることが分かった．一方で，英国のニュースではテロ対策の具体的方策（案）についての記事が多く，日本ほど北朝鮮に対する関心は高くな

い．よって，この分析を通して，国家間におけるテロリズムに対しての関心の対象・種類の違いが浮き彫りとなった．[23] この研究では n-gram を中心に調査したが，コーパスを用いた（批判的）談話分析の最近の潮流は，対数尤度比など統計指標を用いてキーワード分析することでディスコースの特徴語を洗い出し，その周辺状況を探ってディスコース間で比較調査する方法や（Brookes, 2021），Wmatrix4 (Rayson, 2008) などを用いて意味タグに基づき特定ディスコースの意味カテゴリーを調査する方法 (Parnell, 2021)，頻出語上位数百語を対象に多変量解析を用いてテクストの特徴と傾向を時系列順に浮き彫りにする方法 (仁科, 2010)，調査対象を内容語や人称代名詞などに絞り頻度が高いものを分析する方法 (石上, 2021) などがある．[24] キーワード分析，コロケーション分析，連語分析，経年的変化の分析など，どの手法を用いても一定の研究成果が上がっているため，どの手法が正しくどの手法が間違っているのか，あるいはどの手法が効果的でどの手法が非効率かといったことはなく，調査目的に応じて適切な手法を選択することが望ましいと言えるだろう．

なお，仁科（2009）では，最後に，このような分析結果を辞書編纂へ活用すべく，当時刊行されていた売上上位 4 種の（つまりユーザーの多い）学習和英辞典に掲載されている「テロ」の見出し語中の記述情報と比較した．日英用例コンパラブルコーパスの分析結果から，日本語で多用される表現と英語で多用される表現が異なっており，和英辞典の記述にもそれらを反映すべきことを主張し，各辞典が提供する記述の問題点をそれぞれ指摘した上で，具体的な記述案を提案した．

なお，この研究において日英用例コンパラブルコーパスを構築し分析した理

---

[23] 言うまでもなく，このような（批判的）談話分析にも通ずるような分析については，構築したコーパスに収集されている元テクストの内容に左右されることにも留意されたい．

[24] Brookes (2021) は肥満 (obesity) とコロナウィルス (COVID-19) の関連性などについて高級紙とタブロイド紙の記事を分析した．Parnell (2021) は，5 種の英国の新聞紙においてブレグジット (Brexit) 後の政治的分裂がどのように描写されているかを探った．仁科 (2010) は，Truman から Obama までの歴代米国大統領の一般教書演説をコーパス化し，高頻度 200 種の語を使って対応分析を実施し批判的談話分析との融合を試みた．石上 (2021) はよりベーシックな手法（頻度分析）を用いて，バイデン米国大統領の就任演説の象徴的世界について論じた．

由の一つは，当時は，本格的に使える日本語コーパスが存在していなかったことによる．その2年後となる2011年には，1.3.1節でも紹介したように，本格的な1億語の日本語コーパス「現代日本語書き言葉均衡コーパス」(BCC-WJ) が国立国語研究所から公開された．既に，検索オンラインシステム「小納言」や「中納言」，あるいはDVD版を入手して他のコーパス分析ツールを使った日本語研究が数々実施されている．よって，現在では，例えばBCCWJの新聞ジャンルと，1.3.1節で紹介した10億語を誇る現代アメリカ英語コーパスCorpus of Contemporary American English (COCA) のnewspapersジャンルのデータを対比させることで，擬似的な日英新聞コンパラブルコーパスとみなして比較分析することも可能である．[25]

3.6.　まとめ

　以上，第3章では，パラレルコーパスを用いた様々な分析例を取り上げた．まず，いわゆる外来語と原語の意味のずれや意味的韻律の発見にパラレルコーパスの活用が如何に有効であるかを3.2節で取り上げた．また，3.3節では辞書記述の改善にパラレルコーパスがどのように貢献出来るのかを，翻訳ユニットや交換可能性の観点から論じた．そして，3.4節ではレキシカルプロファイラーの一種であるLWPを用いた具体的な分析例や，メタファー・メトニミー研究におけるパラレルコーパスの活用方法などを具体的に紹介した．最後に，3.5節では日英用例コンパラブルコーパスを活用した具体的な分析例を紹介した．次章では，特に，3.4節で取り上げたLWPを実装した日英・英日パラレルコーパスオンライン検索ツールの開発について具体的に論じていく．

---

[25] 神戸大学石川慎一郎氏のウェブサイト (https://language.sakura.ne.jp/s/corpus.html) の掲載情報も参考にすると，BCCWJの構成ジャンルは，書籍 (1971～2005年，約6,270万語)，雑誌 (2001～2005年，約440万語)，新聞 (2001～2005年，約140万語)，白書 (1976～2005年，約490万語)，教科書 (2005～2007年，約90万語)，広報紙 (2008年，約380万語)，Yahoo! 知恵袋 (2005年，約1,030万語)，Yahoo! ブログ (2008年，約1,020万語)，韻文 (1980～2005年，約20万語)，法律 (1976～2005年，約110万語)，国会会議録 (1976～2005年，約510万語) である．

第4章　開発編：日英・英日パラレルコーパスオンライン検索ツールの開発について[1]

4.1.　はじめに

　第4章では，2020年度から開発中の日英・英日パラレルコーパスオンライン検索ツール『パラレルリンク』(www.parallellink.org) のプロトタイプの概要をまとめる（必要に応じて，仁科・赤瀬川 (2021，2022) も参照されたい）．はじめに，4.2節で本ツール開発に先立ち調査した現在までの日英・英日パラレルコーパスや検索ツール，パラレルコーパスの活用研究を振り返る．その後，一般参照パラレルコーパスの構築に先駆けて実験的に開発している本ツールの開発経緯や検索機能などを紹介し，今後の改良スケジュールについて触れる (4.3節)．[2] 4.4節では，本ツールを活用することで可能となる研究の内容について紹介する．最後に，4.5節でまとめとする．

4.2.　パラレルコーパス・ツール・研究を振り返る

4.2.1.　主要な日英・英日パラレルコーパスを振り返って

　現在までに様々な日英・英日パラレルコーパスが構築され公開されている．第2章の表2-1にて2000年以降に開発された日英・英日コーパスを網羅的に紹介したが，[3] ここでもう少し詳細に見ていこう．

---

[1]　本ツールの開発にご協力頂いた Lago NLP（旧 Lago 言語研究所）代表の赤瀬川史朗氏に，ここに深く感謝の意を記す．
[2]　本節の内容は，仁科・赤瀬川 (2021, 2022) に負うところが大きい．
[3]　カーネギーメロン大学の Graham Neubig 氏のウェブサイト http://www.phontron.com/

　まず，これまで様々な研究で活用されてきた代表的なパラレルコーパスの一つに「日英新聞記事対応付けデータ（JENAAD）」(Utiyama & Isahara, 2003) がある．既に本書のいくつかのケーススタディでも紹介済みではあるが，JE-NAAD は読売新聞と Daily Yomiuri の対訳データ（一対一対応の日英文，一対多もしくは多対一対応の日英文）で，無料での配布は既に修了している．[4] JENAAD を用いた研究には，既述の日・英語間における交換可能性を量的に調査した仁科 (2008b)，翻訳上の日本語から英語への変換がどのようになされているのかを詳細に観察した塚脇 (2013)，[5] 英語教育的活用を目的として開発された LWP for ParaNews (http://lpn.lagoinst.info/) の授業利用に関する中條他 (2015) などがある（LWP については次節を参照）．LWP for ParaNews は既に公開を終了しているが，代わりに WebParaNews (https://www.antlabsolutions.com/webparanews/) が使えるので安心されたい．なお，佐竹 (2016) では，WebParaNews 活用の実践例が実際のインターフェースのキャプチャ画面と共に分かりやすく説明されているので参考にされたい．

　他にも，関西外大コーパス B－日英パラレルコーパス（西村, 2002）があり，文学作品を中心に収集したパラレルコーパスであることから，様々な言語分析に適している．英語コーパス学会誌『英語コーパス研究』の第 9 号においても，その概要と専用のパラレルコーパス用コンコーダンサー Parallel Scan の開発（赤瀬川, 2002）などについて紙上シンポジウムという形で論考がまとめられている．Parallel Scan は Windows の専用検索プログラムであり，現在は使用することが出来ない．多くのパラレルコーパスはアラインメントが文単位であるが，このコーパスは段落単位となっているため，一般的に普及している ParaConc (Barlow, 2002) などのコンコーダンサーに読み込んで使うことはできない．

　なお，第 2 章で紹介した表 2-1 では，現在までに構築された日英・英日パ

---

japanese-translation-data.php?lang=ja も参考にした．

[4] 詳しくは，http://www2.nict.go.jp/astrec-att/member/mutiyama/index-ja.html を参照．

[5] 特に，訳出文において，日英間で異なる品詞が使われている事例を調査しており，形容詞「明白な」から副詞 clearly への変換など，「いくつかの品詞変換が行われている訳対を発見」（塚脇, 2013, p. 845）している．

ラレルコーパスの例を示しているが，下線が引かれた 9 種のパラレルコーパ
スについては 4.3 節以降で具体的に示す『パラレルリンク』に搭載されたコー
パスを示している．仁科・赤瀬川（2021）を参考に，これら 9 種のパラレル
コーパスの対訳対数，日本語の語数，英語の語数を順に示すと，日英サブタイ
トルコーパス（JESC）（330,102; 2,736,837; 2,222,329），日英法令対訳コーパ
ス（LAW）（262,448; 9,264,891; 9,508,555），大規模オープンソース日英対訳
コーパス（OPENSOURCE）（505,780; 6,927,281; 5,018,603），ロイター日英
記事の対応付け（REUTERS）（70,120; 2,068,681; 1,740,428），SCoRE 用例
コーパス（SCoRE）（10,459; 160,337; 101,562），日英対訳文対応付けデータ
（TAIYAKU）（110,909; 1,905,586; 1,399,650），Tatoeba 日英対訳コーパス /
Tanaka Corpus（TATOEBA）（208,013; 2,080,831; 1,601,860），TED Talk 英
日コーパス（TED）（518,233; 4,657,169; 3,247,654），Wikipedia 日英京都関
連文書対訳コーパス（WIKIPEDIA）（443,849; 9,132,894; 9,806,199）となる．
この中で，対訳対数が最大のパラレルコーパスは TED，日本語の語数が最も
多いのは LAW，英語の語数が最も多いのは WIKIPEDIA であることが分か
る．いずれの場合もサイズが最も小さいのは SCoRE であるが，人工的に分か
りやすい英文を作成・収集していることから，その目的においては SCoRE の
サイズは十分である．これら 9 種のパラレルコーパスを合算すると，対訳対
数が 2,459,913，日本語の語数 38,934,507，英語の語数 34,646,840 と英語換
算で 3,500 万語近くのコーパスサイズを誇る日英・英日パラレルコーパスが完
成する．
　これら 9 種のパラレルコーパスについては詳しくは表 2-1 を再確認された
いが，全体的に話し言葉のパラレルコーパスの数が少なく，ようやく最近に
なって JESC や TED など構築され始めたことが分かる．また，最近では自然
言語処理・機械翻訳分野で好まれる学術・技術系など専門的なコーパスが増え
てきており，関西外大コーパス B － 日英パラレルコーパス（西村，2002）のよ
うに文学作品を収集対象としたパラレルコーパスの構築は，最近の傾向として
は稀であることも分かる．他にも，ほとんどのパラレルコーパスは日→英か英
→日の一方向翻訳のテクストのみで構成されているが，一部のパラレルコーパ
スは双方向翻訳のテクストが混在していることや，日英法令対訳コーパス

(LAW) のようにアラインメントが段落単位のものもある。[6] そして，これは大半のパラレルコーパスにあてはまることではあるが，ジャンルにかなり偏りが見られることも指摘できる．これら全てのコーパスを整形し直し，一つのコーパスとして統一化出来れば，擬似的な大規模日英・英日パラレルコーパスとして言語分析，翻訳研究，言語教育など多方面に活かすことが可能となる．海外では類似したコンセプトのパラレルコーパスが既に誕生しており，The Norwegian Spanish Parallel Corpus (NSPC) (Hareide & Hofland, 2012) や The CLUVI Corpus (Guinovart, 2019) などがそれにあたる．例えば，NSPC は 5 種のジャンルのテクスト群（フィクション，ノン・フィクション，ポピュラーサイエンス，新聞雑誌，社説，児童文学）で構成され，The CLUVI Corpus は 9 種のジャンル（法律，聖書，文学，科学技術，ソフトウェアローカリゼーション，顧客情報，映画字幕，経済，観光）によって構成されている．

　既に少し触れたように，JENAAD については 2013 年から LWP for ParaNews (http://lpn.lagoinst.info/) が公開されオンライン上で簡易検索が可能であったが，2022 年現在は公開を終了している（LWP に関して詳しくは次節を参照）．また，染谷他 (2011) や仁科 (2020) で使用された Wikipedia 日英京都関連文書対訳コーパス (http://alaginrc.nict.go.jp/WikiCorpus/) も，日英パラレルコーパスがレキシカルプロファイラーに実装されている貴重なオンライン検索ツールの 1 種である．NICT（情報通信研究機構）が 2010 年に一般公開した Wikipedia の日本語記事（京都関連）とその英訳から構成された日英パラレルコーパスであり，2011 年 1 月に開発が停止し（最新版は Ver.2.01），2022 年現在は一般公開されていない．京都に関する内容が中心であり，日本の伝統文化，宗教，歴史など多様な分野を網羅している．人手翻訳

---

[6] The English Norwegian Parallel Corpus (Johansson, 1998), The Portuguese-English Parallel Corpus (通称，COMPARA) (Frankenberg-Garcia & Santos, 2003), The European Parliament Translation and Interpreting Corpus (EPTIC) (Ferraresi & Bernardini, 2019) といった海外のパラレルコーパスや多言語コーパスに見られるような a parallel / multilingual *reciprocal* corpus（略して，リシプロカルコーパス）は日本には存在していない．リシプロカルコーパスとは，例えば，同一ジャンルにおける同サイズの日英パラレルコーパスと英日パラレルコーパスを合算したものを指し，起点言語同士，目標言語同士でコンパラブルコーパスとしても活用できる機能を持つ．詳しくは，Ferraresi & Bernardini (2019) を参照されたい．

による約50万文対を収録し（日本語の語数は約1,000万語におよぶ），翻訳の過程（一次翻訳 → 流暢さ改善のための二次翻訳 → 専門用語チェックの3段階）を記録していることから，翻訳の質がある程度担保されていると言ってよい．

　なお，表2-1で挙げた以外にも，実際にはいくつかの日英・英日パラレルコーパスが存在している．リンク切れもあるが，詳しくは日本語対訳データリスト（http://www.phontron.com/japanese-translation-data.php?lang=ja）を参考にされたい．また，英語教育利用目的で開発されたパラレルコーパス検索ツール SCoRE の用例（http://www.score-corpus.org/download/jp/）はダウンロード可能である．[7] こちらは文単位でアラインメントされており，計10,459件の英日対応文の用例を得ることができる．教育利用が目的であることから，英文のレベルは平易なものに統制されている点には注意が必要である．

　ここまで見てきたように，単言語コーパスと比較すると，日英・英日パラレルコーパスの構築には特殊な技術や時間を要し多大な労力を伴うことから，その数と種類は極めて限られている．よって，表2-1から示唆されるように，今後は翻訳方向ごとに（つまり，日 → 英，英 → 日），欠落しているジャンルのパラレルコーパスを構築し，その数を増やしていく必要がある．これは，様々なジャンルで使用されやすい翻訳ユニットの抽出に有効であるだけではなく，ビジネス文書作成時や，多種多様な分野における二言語 DDL を用いたESP 教育においてもその利用が期待されるからである．[8] そして，このようなコーパスをバランスよく合算することで，前述の NSPC や CLUVI コーパスのように，擬似的な一般参照パラレルコーパスとしての活用も可能となる．この場合，複数の日英・英日パラレルコーパスを簡単に串刺し検索することのできるツールの開発が求められる．

　仁科（2008a，2020）で提案したように，サブコーパスのサイズと構成比，ジャンルを考慮した一般参照日英・英日パラレルコーパスが構築できれば，今まで以上に英和・和英辞典に掲載すべき訳語や用例の信頼性と客観性が担保で

---

[7] SCoRE については，Chujo, Oghigian & Akasegawa（2015）や Mizumoto & Chujo（2016）も参照されたい．

[8] ESP とは English for Specific Purposes（特定目的のための英語教育）の略である．

きるはずである．但し，それを達成するためには，複数ジャンルの翻訳方向も加味したパラレルコーパスを一から構築する必要があるが，翻訳物ということを考えると，収集テクストの時代性を統一することが難しく，原著のみならず翻訳物の版権の問題もあるため，色々とハードルは高い．よって，まずは現時点で何が出来るかを再考した場合，既に公開されている日英・英日パラレルコーパスを再整備することによって，網羅的に串刺し検索を可能にすることから始めるのが第一歩ではないだろうか．これが，4.3 節以降で具体的に解説する『パラレルリンク』の開発の発端である．

4.2.2. 主要な日英・英日パラレルコーパス検索ツールを振り返って

仁科・赤瀬川（2021，2022）でも触れたが，現在，日英・英日パラレルコーパスの検索ツールは，大きく分けて伝統的なコンコーダンサーと先進的なレキシカルプロファイラーの二つに大別できる．[9] まず，パラレルコーパス用コンコーダンサーについて見ていく．Windows のみで使用可能な ParaConc（Barlow，2002）は，伝統的に使われてきた代表的なパラレルコンコーダンサーである．有償で OS も限定されているため，ユーザーも限定される傾向にある．自動的に翻訳候補となる単語をターゲット・コーパスから抽出しリスト化してくれる HotWords 機能は大変秀逸である．

一方，ParaConc の開発から遅れはしたが，Windows・Mac・Linux で使用可能な AntPConc（Anthony，2017）や Mac のみで使用できる CasualPConc（Imao，2018）は，無料で使えるパラレルコンコーダンサーとして爆発的に普及していった．前者にいたっては三つの OS で使用できる点で秀逸であり，後者にいたってはその処理スピード，インターフェースの見やすさ，グラフィックの美しさなどが魅力的である．また，CasualPConc には姉妹版のCasualMultiPConc（最新版は Ver.0.4.1）もあり，こちらは複数の言語からな

---

[9] 車で例えると，コンコーダンサーがマニュアル（MT）車で，レキシカルプロファイラーがオートマティック車（AT）と言えよう．前者は自由度が高くコーパス解析がユーザーの腕に委ねられている一方で，後者は既にコーパスが調理さている状態であることからユーザーが欲しい情報が即座に手に入る．但し，後者の短所として，予め設定されていない（あるいは処理されていない）言語情報については獲得することが出来ない．

る多言語コーパスの検索・処理が可能であるが（5 言語まで可能），その開発は現在止まっており，現在の MacOS での使用は不可である．[10] また，前節で紹介した関西外大コーパス B – 日英パラレルコーパスを検索できる Parallel Scan（西村，2002）も現在では使用不可となっている．[11]

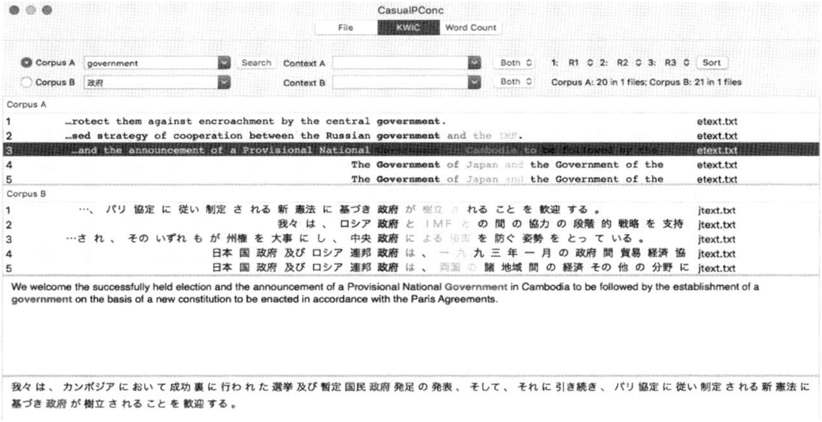

図 4-1. CasualPConc のインターフェースの例（Imao（2018）の付属マニュアル p. 10 より）

　次に，レキシカルプロファイラーを見ていく．パラレルコーパスがデフォルトで実装されており，「見出し語単位で検索，コロケーションなどを文法項目に分類して整理して表示」（染谷他，2011）することができるレキシカルプロファイラーに，既に紹介済みの LWP がある．[12] LWP は，国立国語研究所とLago NLP（旧 Lago 言語研究所）が開発したブラウザベースのコーパス検索ツール（プラシャント・赤瀬川，2011）である．単言語コーパスを搭載した代表的な LWP に，現代日本語書き言葉均衡コーパス（Balanced Corpus of

---

[10] 2022 年 1 月 11 日現在，MacOS の最新版は Monterey（Ver.12.0.1）である．

[11] Parallel Scan は Windows のみで使用可能であった．

[12] 赤瀬川他（2014, p. 41）によれば，レキシカルプロファイリングとは，「あらかじめ設定された検索式に基づいて，コーパスから様々なタイプのコロケーションの情報を抽出した結果を，文法パタンごとに整理してユーザに提示するコーパス検索手法」であり，「特定の語彙の文法的振る舞いやコロケーションをマクロ的視点から調査できる」という長所がある．

120

Contemporary Written Japanese）の検索を可能とした NLB （NINJAL-LWP for BCCWJ）（プラシャント・赤瀬川, 2011）がある．日英パラレルコーパスを搭載したものには，前述の JENAAD の検索を可能とした LWP for ParaNews （現在は公開終了）や，Wikipedia 日英京都関連文書対訳コーパスの検索を可能とした Wikipedia-Kyoto LWP （WK-LWP）（現在は公開終了），そして SCoRE がある．なお，Sketch Engine （https://www.sketchengine.eu/）もパラレルコーパスの検索には対応しているが，現時点ではコンコーダンサーの機能のみである．

図 4-2. NLB のインターフェースの例（「生活をする」を検索した場合）

コンコーダンサーとレキシカルプロファイラーの強みや欠点はそれぞれ異なることから，互いの機能を補え合えるように双方を実装したオンライン検索

ツールの開発が理想である.[13] 同時に，無償公開することで，高校生・大学生・社会人を含めた一般ユーザーから言語学者・辞書編纂者・翻訳家・通訳者などの言語の専門家に至るまで，多くのユーザーにパラレルコーパスの魅力と威力を伝えることができる．特に，複数の異なるジャンルの日英・英日パラレルコーパスにおいて，検索した言語項目のパタンや共起関係とその対訳などがセットで瞬時に抽出できれば，対照言語学や翻訳学などの研究の射程は格段に拡がるであろう．特に，ジャンル別の出現率などの情報も参考にすれば，翻訳上のジャンル分析がより精緻に実施できる．4.3 節で紹介する『パラレルリンク』（最新版は Ver.1.2）では，レキシカルプロファイラーの機能を実装しており，次期バージョンではコンコーダンサーの機能も搭載予定である．使用者がその目的に応じて，レキシカルプロファイラーとコンコーダンサーを使い分けることのできるプラットフォームの提供を目的としている．

　最後に，現在は開発が止まっているが，CasualMultiPConc などの多言語に対応しているコンコーダンサーを用いることで，京都外国語大学で展開されてきた二言語同時学習 (https://www.kufs.ac.jp/faculties/unv_education/unv_program_bi-language.html) やそれを発展させた 3 言語以上の多言語同時学習，日本語・英語に加えてフランス語やスペイン語，中国語，韓国語といった 3 言語以上の多言語 DDL を活用した外国語授業実践なども可能である．複数の言語を学習している学習者にとっては，多言語コーパス（マルチリンガルコーパスとも言う）は活用に値する複言語の参照資料となろう．実際に多言語DDL を教育現場で試した実践例はほとんど見られないため，その有効性を検証する上でも CasualMultiPConc などの多言語対応コンコーダンサーの開発・公開は是非継続してもらいたい．

4.2.3.　国内における主要な日英・英日パラレルコーパス研究を振り返って

　仁科（2020）でも簡潔にまとめたように，国内で発表された日英・英日パラレルコーパスを活用した言語記述に関する研究は数える程度である．2002 年

---

[13] コンコーダンサーとレキシカルプロファイラーの強み・弱点については，仁科・赤瀬川（2022）を参照のこと．

122

に発刊された『英語コーパス研究第9号』ではパラレルコーパスに関する特集
が組まれ，掲載された9本の論文はいずれも（当時の）パラレルコーパスの構
築や検索プログラム開発，活用研究事例に関するものであり，20年経った今
もなお重要である．意味や文法，辞書学的見地などから考察した研究に，身体
部位を含む日英語表現を分析した岡田（2002），日英再帰形に注目した清水・
村田（2002），when 節を取り上げた田中（2002）などがある．2002年以降で
は，パラレルコーパスの DDL 活用や時事英語表現の交換可能性および翻訳ユ
ニットを調査した仁科（2007c, 2008a, 2008b），借入語としてのカタカナ語の
誤用に注目した Nishina（2008），日本語複合動詞とその翻訳を調査した染谷
他（2011），Wikipedia 日英京都関連文書対訳コーパスの一部を使って依存木
の統語構造的不一致から日英翻訳を調査した Oya（2017），日本語動詞「固め
る」の翻訳ユニットを日本語コーパス（BCCWJ）と日英パラレルコーパス
（Wikipedia-Kyoto LWP）から分析した仁科（2020）などがある。[14] なお，レ
キシカルプロファイラーを用いたパラレルコーパス研究は少なく，上記の研究
の中では，染谷他（2011）と仁科（2020）がそれにあたる．

　一方で，英語教育関連の研究においては，パラレルコーパスの教育的利用を
目的としたツール開発や DDL を含む教育実践，およびその効果検証に関する
一連の研究が見られる．例を挙げると，Anthony et al.（2011）や，関西大学
バイリンガルエッセイコーパス（通称 KUBEC: Kansai University Bilingual
Essay Corpus）の構築と調査について報告した Yamashita（2014），Web-
ParaNews（http://www.antlabsolutions.com/webparanews/）の中條他（2014,
2015），SCoRE（http://www.score-corpus.org/）の Chujo et al.（2015），
Mizumoto & Chujo（2016），医療系論文抄録による英日対訳パラレルコーパ
スの教育支援システム MEESUS（Medical English Education Support Sys-
tem）の開発に関する浅野他（2022）などが立て続けに発表され，パラレルコー
パス研究の中でも研究が進んでいる分野である．この中で KUBEC は，与え
られたトピックについて各学生が英語と日本語で執筆したエッセイを収集して

---

[14] 江里口・小林（2014），梶原・小町（2018）など，自然言語処理や人口知能，機械翻訳な
どの分野においては，パラレルコーパス研究の報告が目立つ．

コーパス化している．英語のエッセイを一字一句訳すのではなく，日本語の自然性を意識して執筆するように指示されていることから，本コーパスは正確にはパラレルコーパスとは呼べないのかもしれないが，大変興味深い試みである．[15] また，SCoRE に関しては，「慎重に作成した簡潔で自然な英語例文約10,000 文と，日本人英語教師が丁寧に付けた日本語対訳文」から構成され，英文自体のレベルも統制されていることから，教育的配慮がなされたパラレルコーパスと言える．日・英語の記述を言語学的に分析する目的においては，収録されたテクストの言語が人為的に統制されずに産出されたものであることが理想であるため，言語研究と教育利用とでは求められるパラレルコーパスの質が異なることに注意したい．

　そして，一般的に想定されるものとは質の異なるパラレルコーパスを用いた研究も考えられる．例えば，複数の翻訳家による翻訳ストラテジーを計量的に調査するために，一対多のパラレルコーパスを構築し，それを活用した研究も興味深いであろう．具体的には，同一の起点言語のテクスト（source text）と複数の翻訳家によって作成されたその目標言語のテクスト（target text）の各文をアラインメントし構築した一対多のパラレルコーパスを活用することで，各翻訳家の翻訳ストラテジーの類似性や相違性を可視化することができる．熟練の翻訳家達が共通認識として使用している翻訳ストラテジーを解明することができ，さらに各翻訳家の個性もデータとして可視化することが可能となる．例えば，篠原（2014）では，Pedersen　(2011) における方略分類を修正し，1. 音訳 (transliteration), 2. 詳述 (specification), 3. 直接訳 (direct translation), 4. 一般化 (generalization), 5. 置き換え (substitution), 6. 注釈 (annotation), 7. 省略 (omission) による修正版方略分類を用いて，『千と千尋の神隠し』の異文化要素訳出における翻訳方略を手作業で分析している．このような分析を，パラレルコーパスを使って半自動化することで，各翻訳家の翻訳特性，プロの翻訳家間の共通特性，目標言語間における翻訳方略の違いなどを可視化す

---

[15] 他にも，Miki　(2010) では，日本人英語学習者が執筆した英語エッセイ (argumentative essay) とそれを英語母国語話者に正しく校正してもらった英語エッセイとを対応させ分析している．ある言語から他の言語への翻訳を介していないという点においてはパラレルコーパスとは呼べないが，新しい試みである．

ることができる．一説には，ルイス・キャロル著 Alice's Adventures in Wonderland には翻訳家 39 人による計 55 種もの日本語訳版が存在し，Through the Looking-glass には 20 人の翻訳家による計 27 種もの日本語訳版が存在している（詳しくは，http://www.hp-alice.com/lcj/g_contents.html）．また，楠本（2001，pp. 4-7）によれば，1998 年時点で両アリス作品の翻訳は 150 種前後が存在しているという説もある．これらの翻訳作品で用いられた表現や翻訳手法を計量的に比較するためには，やはり一対多のパラレルコーパスの構築が必要不可欠であるが，筆者の知るところ現時点ではそのような試みは見受けられない．よって，これからの翻訳研究を前進させる上でもその構築と分析には一定の価値があると言えよう．

4.3. 日英・英日パラレルコーパスオンライン検索ツールの開発について

前節までの日英・英日パラレルコーパス（研究）の状況を受け，日本におけるこれからのパラレルコーパス研究は，先行する欧州諸国のケースのように，複数の信頼性あるパラレルコーパスを串刺し検索できるツールの開発が進むことによって大いに前進することが期待される．特に，日英・英日間の翻訳実態が計量的に明らかとなり，ジャンルごとに特定の語・句の翻訳実態を解明したり，英和・和英辞典のみならず辞書データベースに掲載されている訳語や訳例なども客観的指標を用いて精査することが可能となる．

そこで，筆者は現在までに公開されている複数の日英・英日パラレルコーパスを網羅的に串刺し検索できるオンライン検索ツール『パラレルリンク』を2022 年に Lago NLP（旧 Lago 言語研究所）と共同開発した．本節ではそのプロトタイプ（2022 年 9 月の時点で，最新版は Ver.1.2）に関して，搭載しているパラレルコーパスや検索機能，その他の特徴などを開発経緯も含めて紹介し，今後期待される改良内容についても触れる．特に次節以降では，紙幅の点から仁科・赤瀬川（2022）では十分に取り上げることのできなかったコーパスの中身となるインポートファイルサンプルやフォルダ階層構造，インターフェースの外観，実際の搭載機能などの詳細についても順に紹介していく．

4.3.1. 搭載したパラレルコーパスについて

本ツールの開発に先立ち，初めに複数の既存パラレルコーパスの中身を再整備した．搭載対象とした日英・英日パラレルコーパスは表2-1中で下線を引いた計9種のコーパスであり，[16] 合計のトークン数は約4,000万語を誇る．本ツールは一般無償公開を目指しているため，Asian Scientific Paper Excerpt Corpus（ASPEC）（300万対）（http://orchid.kuee.kyoto-u.ac.jp/ASPEC/）のように，その用途が研究活動に限定されているコーパスは含めていない．[17] 表2-1に掲載されていない大規模ウェブパラレルコーパス JParaCrawl（1,000万対）（http://www.kecl.ntt.co.jp/icl/lirg/jparacrawl/）なども開発の初期の段階では候補に挙がったが，ノイズが多いため今回は搭載を見送った．

　一方，口語データの獲得のために，映画やドラマの日英・英日字幕コーパスを活用することの有用性については，既に仁科（2020）でも述べたとおりである．よって，JESC にはノイズが多いものの搭載することにした．Tatoebaコーパスについても，会話文が全体の40%を占めることから口語データ増補の目的で搭載することにした．ただし，元データである田中コーパスは，学生に翻訳させた約15万対の対訳文から構成されているため，翻訳の質の点において，信頼性に欠ける部分が残る．[18]

　なお，今回搭載した9種のパラレルコーパスのうち，教育利用が目的であれば SCoRE 用例コーパスを活用することが最適であろう．一方で，言語学的な分析に関しては言語が人為的に統制されていないため他8種のパラレルコー

---

[16] コーパスデザインから構築，版権取得までかなりのハードルがあるため，単言語コーパスと異なりパラレルコーパスの開発や普及は10年単位ではそれほど進んでいない．よって，既存のパラレルコーパスを一覧検索できるように再設計した『パラレルリンク』は，既存資源を有効利用するという点においてもその開発に意味があろう．

[17] 内部利用はおそらく可能であることから，一般公開用の『パラレルリンク』に加えて，使用者を限定した研究者用の『パラレルリンク PRO』の開発も進めていきたい．特に，後者の『パラレルリンク PRO』では，独自に構築したパラレルコーパスなども搭載する予定である．

[18] 正確には146,784文が日本語と英語の両方で書かれており，大半が短い文であり，英文の長さが平均で7.72語，最長で45語との報告がある（http://hihan.hatenablog.com/entry/2019/01/20/070254）．また，学生1人あたり300の文章を翻訳したことから，翻訳者が多数存在する一方で複数の日本人大学生が翻訳プロジェクトに参加していたため，誤訳がある程度混ざっている可能性は否めず，翻訳の質の点では保証できないという欠点がある．

パスを用いるべきかもしれない.[19] 本ツールでは，これらパラレルコーパス間
での比較分析を可能にするため,[20] コーパスごとの頻度情報を表示する機能を
実装する. ただし，各コーパスのサイズが異なることから，コーパスごとに
100万語あたりの生起頻度を表示する機能の追加も将来的に検討していきた
い.[21]

　また，今回搭載した9種のパラレルコーパスだけでは検索したい語・句の
十分な翻訳例が得られない可能性も高いため，今後，表2-1中で今回搭載を
見送った他4種のパラレルコーパスやJParaCrawl，独自に構築したパラレル
コーパスなどについても，フォーマットを再整備した上で追加を検討してい
る.[22] 現状，日英法令対訳コーパス (LAW) と大規模オープンソース日英対訳
コーパス (OPENSOURCE) のサイズが大きく，コロケーションや用例に偏り
が見られる. また，これら2コーパスにおいては，重複する用例が多いため，
開発協力いただいたLago NLPと協議した上でこれらを削除することにした.

4.3.2. テクスト処理とアノテーション

　次に，各パラレルコーパスのフォーマットを統一するためにテクスト処理を
施した. 具体的には，テクストのクリーニング，エンコーディングの統一
(UTF8)，フォーマットの統一，センテンスIDの付与を施した. 以下は，
TEDの対訳ファイルのサンプル20行である.

---

[19] この点については，詳しくは，仁科 (2020) も参照されたい.

[20] パラレルコーパス間の比較分析は，結果的にジャンル・レジスター分析になりうる.

[21] 搭載しているパラレルコーパスによってはサイズが小さいため，プロトタイプとなる
Ver.1.0, Ver.1.1, Ver.1.2においては，統計的な信頼性から10万語あるいは100万語あたり
の生起頻度をあえて表示しないことにした.

[22] ただし，JENAADは既に無償配布が終了しているため，使用の許諾には高額な費用が発
生する. JENAADの有償ライセンスは非商用で50万円程度必要となる. 同様に，Hiragana
Times日英対訳コーパスデータのアカデミックユースは一般の40%引きの150万円程度で契
約が可能である.

■ TED の対訳ファイルサンプル

```
TED  00001  0000000001  I'm going to talk to you tonight   今晩 お話しするのは
TED  00001  0000000002  about coming out of the closet   カミングアウトについてです
TED  00001  0000000003  and not in the traditional sense   いわゆる「カミングアウト」
TED  00001  0000000004  not just the gay closet.   ゲイだと打ち明けることではありません
TED  00001  0000000005  I think we all have closets.   誰しも心に壁を作っています
TED  00001  0000000006  Your closet may be telling someone   その後ろに隠れているのは
TED  00001  0000000007  you love her for the first time   誰かに初めて愛の告白をすることや
TED  00001  0000000008  or telling someone that you're pregnant   妊娠したこと
TED  00001  0000000009  or telling someone you have cancer  ガンであることを伝えることかもしれ
                        ません
TED  00001  0000000010  or any of the other hard conversations   他にも私たちが人生で経験する
                        —
TED  00001  0000000011  we have throughout our lives.   さまざまな重い話が隠れています
TED  00001  0000000012  All a closet is is a hard conversation   心の壁の向こうにあるのは重い
                        話です
TED  00001  0000000013  and although our topics may vary tremendously   抱える問題は本当にさ
                        まざまでしょう
TED  00001  0000000014  the experience of being in   でも心に押し込めていたものを
TED  00001  0000000015  and coming out of the closet is universal.   扉を開けて解き放つ経験は
                        誰しも同じです
TED  00001  0000000016  It is scary   怖いですし嫌ですがしないといけないことです
TED  00001  0000000017  Several years ago   数年前
TED  00001  0000000018  I was working at the South Side Walnut Cafe   私はサウス・サイド・
                        ウォールナット・カフェという
TED  00001  0000000019  a local diner in town   地元の食堂で働いていました
TED  00001  0000000020  and during my time there I would go through phases   その食堂で私はさ
                        まざまな段階を経て
```

　そして，英語には品詞情報を，日本語には形態論情報を付与した．まず，英文については，Stanford POS Tagger（https://nlp.stanford.edu/software/tagger.shtml）を用いて，表層形，レマ（lemma），品詞などの情報を付与した．日本語については，当初，形態素解析器 Janome（https://mocobeta.github.io/janome/）を用いていたが，その後，高品質な解析性能を持つ後発の Sudachi（https://github.com/WorksApplications/Sudachi）を使用し，表層形，語彙素，品詞に関する形態情報を付与することにした．

4.3.3. 全文検索インデックスの作成

　次に，インデックスの作成である．検索対象とするパラレルコーパスを絞り込めるようなインデックス構造にし，今後も新たなパラレルコーパスの追加を可能にする必要がある．そこで，blacklab query tool を用いて全文検索のためのインデックスを作成した．詳しくは，上記の品詞情報，形態論情報を含む Blacklab Query Tool（https://inl.github.io/BlackLab/query-tool.html）のインポートファイルを作成した．ファイル形式は XML である．以下の TED コーパスからの英文と日本文のインポートファイルのサンプルを参照されたい．なお，仁科・赤瀬川（2022）では紙幅の都合上その一部しか掲載できなかったので，ここではより詳細なインポートファイルのサンプルを示す．

■ TED 英文のインポートファイルサンプル

```xml
<?xml version="1.0" encoding="UTF-8"?>
<docs>
  <doc corpus="TED" subcorpus="" fid="00001" sid="0000000001" type="en"
counterpart="今晩 お話しするのは">
    <s id="TED::00001:0000000001">
      <w p="PRP" l="I">I</w>
      <w p="VBP" l="be">`m</w>
      <w p="VBG" l="go">going</w>
      <w p="TO" l="to">to</w>
      <w p="VB" l="talk">talk</w>
      <w p="TO" l="to">to</w>
      <w p="PRP" l="you">you</w>
      <w p="RB" l="tonight">tonight</w>
    </s>
  </doc>
  <doc corpus="TED" subcorpus="" fid="00001" sid="0000000002" type="en"
counterpart="カミングアウトについてです">
    <s id="TED::00001:0000000002">
      <w p="IN" l="about">about</w>
      <w p="VBG" l="come">coming</w>
      <w p="RB" l="out">out</w>
      <w p="IN" l="of">of</w>
      <w p="DT" l="the">the</w>
      <w p="NN" l="closet">closet</w>
    </s>
```

```
    </doc>
    <doc corpus="TED" subcorpus="" fid="00001" sid="0000000003" type="en"
counterpart="いわゆる「カミングアウト」">
      <s id="TED::00001:0000000003">
        <w p="CC" 1="and">and</w>
        <w p="RB" 1="not">not</w>
        <w p="IN" 1="in">in</w>
        <w p="DT" 1="the">the</w>
        <w p="JJ" 1="traditional">traditional</w>
        <w p="NN" 1="sense">sense</w>
      </s>
    </doc>
    <doc corpus="TED" subcorpus="" fid="00001" sid="0000000004" type="en"
counterpart="ゲイだと打ち明けることではありません">
      <s id="TED::00001:0000000004">
        <w p="RB" 1="not">not</w>
        <w p="RB" 1="just">just</w>
        <w p="DT" 1="the">the</w>
        <w p="JJ" 1="gay">gay</w>
        <w p="NN" 1="closet">closet</w>
        <pu>.</pu>
      </s>
    </doc>
    <doc corpus="TED" subcorpus="" fid="00001" sid="0000000005" type="en"
counterpart="誰しも 心に壁を作っています">
      <s id="TED::00001:0000000005">
        <w p="PRP" 1="I">I</w>
        <w p="VBP" 1="think">think</w>
        <w p="PRP" 1="we">we</w>
        <w p="DT" 1="all">all</w>
        <w p="VBP" 1="have">have</w>
        <w p="NNS" 1="closet">closets</w>
        <pu>.</pu>
      </s>
    </doc>
```

■TED 日本文のインポートファイルサンプル

```xml
<?xml version="1.0" encoding="UTF-8"?>
<docs>
  <doc corpus="TED" subcorpus="" fid="00001" sid="0000000001" type="ja"
counterpart="I&#x27;m going to talk to you tonight">
    <s id="TED::00001:0000000001" corpus="TED" type="ja">
      <w p="名詞,副詞可能,*,*" 1="今晩"> 今晩 </w>
      <pu> </pu>
      <w p="名詞,サ変接続,*,*" 1="お話し"> お話し </w>
      <w p="動詞,自立,*,*" 1="する"> する </w>
      <w p="名詞,非自立,一般,*" 1="の"> の </w>
      <w p="助詞,係助詞,*,*" 1="は"> は </w>
    </s>
  </doc>
  <doc corpus="TED" subcorpus="" fid="00001" sid="0000000002" type="ja"
counterpart="about coming out of the closet">
    <s id="TED::00001:0000000002" corpus="TED" type="ja">
      <w p="名詞,一般,*,*" 1="カミングアウト"> カミングアウト </w>
      <w p="助詞,格助詞,連語,*" 1="について"> について </w>
      <w p="助動詞,*,*,*" 1="です"> です </w>
    </s>
  </doc>
  <doc corpus="TED" subcorpus="" fid="00001" sid="0000000003" type="ja"
counterpart="and not in the traditional sense">
    <s id="TED::00001:0000000003" corpus="TED" type="ja">
      <w p="連体詞,*,*,*" 1="いわゆる"> いわゆる </w>
      <pu>「</pu>
      <w p="名詞,固有名詞,一般,*" 1="カミングアウト"> カミングアウト </w>
      <pu>」</pu>
    </s>
  </doc>
  <doc corpus="TED" subcorpus="" fid="00001" sid="0000000004" type="ja"
counterpart="not just the gay closet.">
    <s id="TED::00001:0000000004" corpus="TED" type="ja">
      <w p="名詞,一般,*,*" 1="ゲイ"> ゲイ </w>
      <w p="助動詞,*,*,*" 1="だ"> だ </w>
      <w p="助詞,格助詞,引用,*" 1="と"> と </w>
      <w p="動詞,自立,*,*" 1="打ち明ける"> 打ち明ける </w>
      <w p="名詞,非自立,一般,*" 1="こと"> こと </w>
      <w p="助動詞,*,*,*" 1="だ"> で </w>
      <w p="助詞,係助詞,*,*" 1="は"> は </w>
      <w p="動詞,自立,*,*" 1="ある"> あり </w>
```

```
        <w p="助動詞,*,*,*" l="ます"> ませ </w>
        <w p="助動詞,*,*,*" l="ん"> ん </w>
    </s>
  </doc>
  <doc corpus="TED" subcorpus="" fid="00001" sid="0000000005" type="ja"
counterpart="I think we all have closets.">
    <s id="TED::00001:0000000005" corpus="TED" type="ja">
        <w p="名詞,代名詞,一般,*" l="誰"> 誰 </w>
        <w p="助詞,副助詞,*,*" l="しも"> しも </w>
        <pu> </pu>
        <w p="名詞,一般,*,*" l="心"> 心 </w>
        <w p="助詞,格助詞,一般,*" l="に"> に </w>
        <w p="名詞,一般,*,*" l="壁"> 壁 </w>
        <w p="助詞,格助詞,一般,*" l="を"> を </w>
        <w p="動詞,自立,*,*" l="作る"> 作っ </w>
        <w p="助詞,接続助詞,*,*" l="て"> て </w>
        <w p="動詞,非自立,*,*" l="いる"> い </w>
        <w p="助動詞,*,*,*" l="ます"> ます </w>
    </s>
  </doc>
```

4.3.4.　レキシカルプロファイリング DB の構築

　次に，日本語の内容語（動詞，名詞，形容詞，副詞）のレキシカルプロファイリング DB を構築する．作成手順は，再整備したコーパスを CQL で検索できるシステムを構築し，[23] 名詞および動詞の文法パタンを係り受け関係のある対から抽出する形で CQL クエリーで表現する．文法パタンの作成に当たっては，Sketch Engine の jaTenTen などの文法パタンを参考にする．[24] 品詞ごとの文法パタンは次節を参照されたい．CQL でコーパスから抽出した文法パタンは，RDBMS（Relational Data Base Management System リレーションデータベース管理システム）の MySQL というデータベースに格納する．[25]

---

[23]　(参考) https//www.sketchengine.eu/documentation/corpus-querying/
[24]　(参考) https://www.sketchengine.eu/jatenten-japanese-corpus/
[25]　これら技術的な部分に関しては Lago NLP の協力を得た．

(参考) Word Sketch - Grammatical Pattern Expressions by CQL

```
*DUAL
=modifier_Ai/modifies_N
        2: [tag="Ai.*" & word!="ない | 無い" & infl_form="Attr.*"] [tag="
Pref"]? 1:[tag="N.*" & tag!="N.num"] within! [word="が | の" | tag="N.*"]
[tag="Ai.*" & word!="ない | 無い" & infl_form="Attr.*"] [tag="Pref"]? [tag="
N.*" & tag!="N.num"]
*DUAL
=modifier_Ai+pref/Aimodifies_pref
        2: [tag="Ai.*" & word!="ない | 無い" & infl_form="Attr.*"] 1:[tag="
Pref"] [tag="N.*" & tag!="N.num"] within! [word="が | の" | tag="N.*"] [tag="
Ai.*" & word!="ない | 無い" & infl_form="Attr.*"] [tag="Pref"] [tag="N.*" &
tag!="N.num"]

*DUAL
= が Ai+N/が Ai+N
        2: [tag="Ai.*" & word!="ない | 無い" & infl_form="Attr.*"] [tag="
Pref"]? 1:[tag="N.*" & tag!="N.num"] within [word=" が"] [tag="Ai.*" &
word!="ない | 無い" & infl_form="Attr.*"] [tag="Pref"]? [tag="N.*" & tag!="
N.num"]
```

4.3.5. ファイルの整理

処理後のテクストファイルは，"formatted"，"annotated"，"blacklab" の 3
種類のフォルダに整理し収納した．まず，formatted フォルダには，パラレル
コーパスの種類ごとに 9 種類のサブフォルダが用意されている．[26] 各サブフォ
ルダには，以下に示す 2 種類のテクストファイルが収納されている．

```
[コーパス名].txt…統一フォーマットのコーパスデータ
[コーパス名].metadata.txt…元のコーパスファイルとファイル ID とのリンクデータ
```

コーパスデータは，コーパス，サブコーパス，ファイル ID，センテンス
ID，英文，和文の 6 つのフィールドから構成され，各フィールドはタブで区
切られている．エンコーディングは前述のとおり UTF-8 で統一している．リ
ンクデータは，コーパス，サブコーパス，ファイル ID，ファイル名の 4 つの

---

[26] サブフォルダ名はパラレルコーパス名ごとに，JESC, Law, OpenSource, Reuters,
SCoRE, Taiyaku, Tatoeba, TED, Wikipedia としている．

フィールドから構成され，各フィールドはタブで区切られている．検索ツール
を開発するときに，元のコーパスファイルを表示するために用いられる．ま
た，original サブフォルダも用意し，こちらには変換前の元データが収納され
ている．

　次に，annotated フォルダには，formatted フォルダに収納されている統一
されたフォーマットのコーパスデータにアノテーション情報を付与したファイ
ルが収められている．前述のとおり，ファイルのフォーマットは XML 形式
であり，こちらが Blacklab Query Tool のインポートファイルとなる．各コー
パスについて，英文と和文の 2 種類の XML ファイルが用意されている．

　最後に，blacklab フォルダには，Blacklab Query Tool のインデックスファ
イルが収納されている．こちらは，検索ツールのバックエンドの役割を果た
す．

図 4-3. 各フォルダの階層構造の一部

　4.3.1 節から 4.3.4 節までの処理を施し，係り受け解析，内容語のパタン作
成（名詞，動詞，形容詞（イ形容詞，ナ形容詞），連体詞，副詞），レキシカル
プロファイリングデータベースの作成（内容語ごとの共起関係のデータ（共起

語，頻度，MI スコア，LD スコアなど））を行った．参考までに，文法パタン
の種類の一覧を以下に示す．

表 4-1. 対応する文法パタンの種類（►・◄は見出し語の位置を表す Lago
NLP 協力）

動詞	名詞＋助詞 ◄	名詞	► 助詞＋動詞
	名詞＋複合助詞 ◄		動詞 ◄
	► 名詞		► 助詞＋形容詞
	► 助動詞		► 助詞＋形容動詞語幹＋だ
	複合動詞		形容詞 ◄
	近接動詞		形容動詞語幹＋な ◄
	► 形容詞		連体詞 ◄
	副詞 ◄		他の名詞との共起
	形容詞連用形 ◄		接頭辞・接尾辞
	（未分類）		► 助詞
形容詞	► 名詞		► 助動詞
	名詞＋助詞 ◄		動詞 ◄
	► 動詞		副詞化
	他の形容詞との共起		体言止め
	副詞との共起		（未分類）
	► 助詞		
	► 助動詞		
	（未分類）		
副詞	► 動詞		
	► 形容詞		
	► 形容動詞語幹＋だ／です		
	他の副詞との共起		
	► 助詞		
	► 助動詞		
	（未分類）		

　そして，レキシカルプロファイリングツール開発として，画面構成は検索

ウィンドウに見出し語リスト（品詞ごと）と見出し語ウィンドウ（パタンパネル，コロケーションパネル，用例パネル）を配置した．レキシカルプロファイリングデータベースのテーブルは，見出し語情報テーブル，文法パタンテーブル，コロケーションテーブル，用例テーブルに分かれている．見出し語情報テーブルは，見出し語（漢字かな交じり，ひらがな，ローマ字），品詞，頻度，活用形別頻度（用言のみ）など，見出し語に関する基本情報を収録したテーブルである．文法パタンテーブルは，見出し語ごとに，文法パタン別の頻度，パタングループにおける割合などを収録したテーブルである．コロケーションテーブルは，見出し語と文法パタンをキーとして，該当するコロケーションと統計値（単純頻度，MI スコア，LD スコアなど）を収録したテーブルである．用例テーブルは，見出し語と文法パタンとコロケーションをキーとして，該当する用例とその出典（ページタイトル，URL）を収録したテーブルである．[27]

　なお，簡易的なユーザーガイドも作成しており，ウェブサイト上 (https://www.parallellink.org/) からダウンロードし参照することができる．具体的なユーザーインターフェースについては次節を参照されたい．

4.3.6.　インターフェースと検索機能について

　既に述べたとおり，『パラレルリンク』プロトタイプ (https://www.parallellink.org/) は LWP を基盤として開発されたことから，他のコーパスを搭載した LWP である NINJAL-LWP for BCCWJ (NLB)（プラシャント・赤瀬川，2011）や LWP for ParaNews（現在は公開終了），Wikipedia-Kyoto LWP（現在は公開終了）を使用したことのあるユーザーにとっては，馴染みやすいインターフェースである．但し，デザイン自体は白を基調としたものに変更したため，旧インターフェースよりも視認性が高くなっている．

　まず，図 4-4 はトップ画面を示す．Home となるこのトップ画面には，本ツール（本サイト）に関する簡単な紹介，ユーザーガイド，引用方法，開発チームメンバー，更新履歴，謝辞，問い合わせ先が記載されている．今後，『パラレルリンク』を活用した研究事例の情報なども随時こちらにアップして

---

[27] これら技術的な部分に関しては Lago NLP の協力を得た．

136

いく予定である.

図4-4. Home 画面（開発チームの紹介ページ）

　次に，Home 画面右上の search をクリックすると，図4-5に示すような検索画面に移動する．本書刊行時の最新版 Ver.1.2 では日→英方向のみの検索が可能であることから，日本語の各見出し語の情報がまずは一覧表示される．予め用意された品詞タブは「すべて」,「名詞」,「動詞」, NLB とは異なる「イ形容詞」と「ナ形容詞」,「連体詞」,「副詞」である．検索したい特定の品詞タブをクリックすれば，頻度順で各品詞に該当する語の情報が手に入る．なお，検索ボックスへの文字入力は，かな漢字交じりのほか，ひらがな，カタカナ，ローマ字による検索も可能となっている.

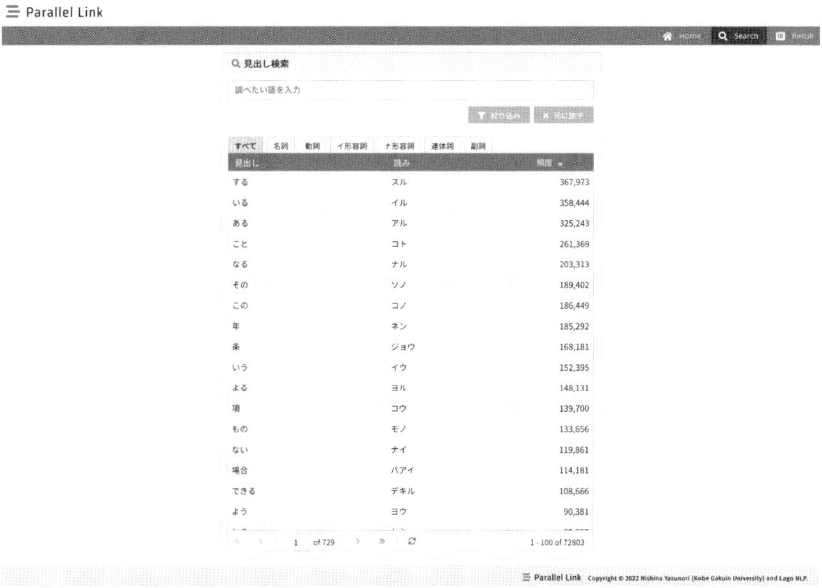

図 4-5. 見出し語の検索画面

　見出し語の検索画面では，上部に検索ボックスが用意されている．ここに検索したい特定の語を指定して検索することができる．図 4-6 は「立てる」を検索した結果の画面を示す．「立てる」のみならず，V＋V 型複合動詞の「申し立てる」や「組み立てる」などもヒットしていることが分かる．

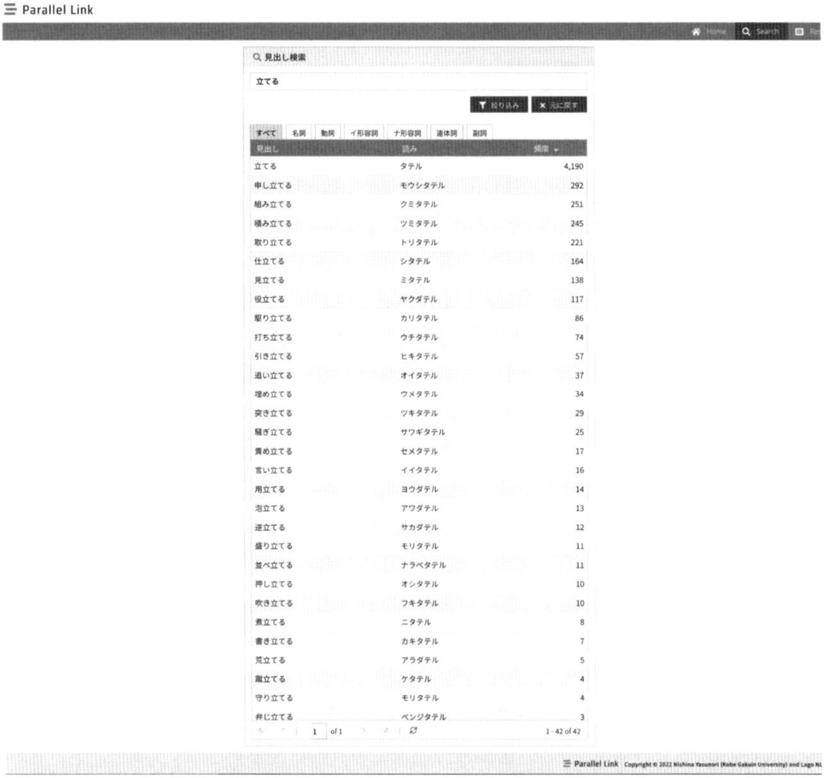

図4-6. 検索ボックスで「立てる」を指定した場合

　カタカナで入れると図4-7で示すように該当する全ての異形（あるいは変種）の検索結果が表示される．但し，図4-6と同じく，V＋V型複合動詞も全てヒットする．一方で，見出し語検索の絞り込みもできる．図4-8のように，完全一致で検索する場合は，「＾タテル＄」のようにして，正規表現で先頭と末尾を表す記号を入れることで，検索することができる．ひらがなで「＾たてる＄」としても同じ結果を得ることができる．

図 4-7. 検索ボックスで「タテル」を指定した場合

図 4-8. 検索ボックスで「^タテル$」を指定した場合

　図 4-8 の検索結果から調査したい語（今回は，「立てる」）を選択してみると，図 4-9 のような語彙プロファイルが表示される．検索したい語の文法パタン，コロケーション，用例，その英訳の結果が瞬時に一覧表示される．これは，レキシカルプロファイラー独自の秀逸な機能であると言える．

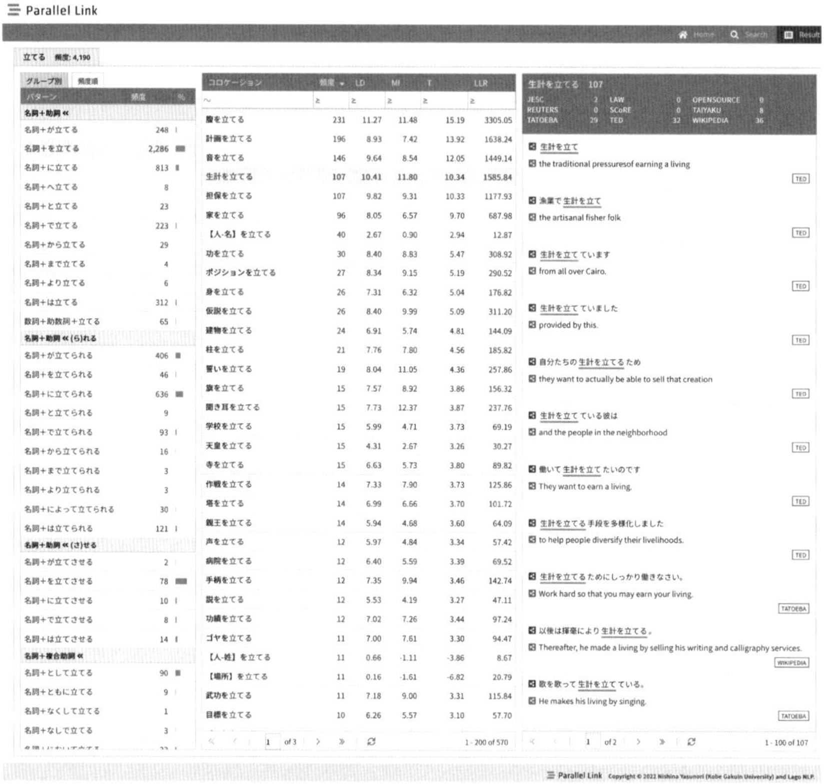

図 4-9.「立てる」の語彙プロファイル

　図 4-9 の表示内容を順に解説していこう．まず，左上に検索語（見出し語）の総頻度が 4,190 回であることが表示されている．その下には，「グループ別」と「頻度順」のタブがある．「グループ別」では，「名詞＋助詞（＋立てる）」や「イ形容詞（＋立てる）」などパタン別に該当するものが頻度（数値）と割合（％）を示すグラフと共に表示されている．割合（％）を示すグラフにカーソルを持っていくと，実際の割合が数値で示される．「頻度順」タブでは，先程みたパタンは考慮せずに，頻度順で並び替えた全パタンのリストが頻度（数値）と割合（％）を示すグラフと共に表示される．

　また，図 4-9 では，見出し語「立てる」の中でも，「名詞＋助詞＋立てる」

に該当する異形（変種）のうち，「〜を立てる」を指定して，さらにその中の「生計を立てる」を指定した画面である．その結果，該当する日本語の例文とその英訳が順に表示されており，各例文の右下には出典が記載されている．そして，例文ウィンドウの上部を見ると，「生計を立てる」は計 107 件抽出されたことが分かる．その下に各サブコーパスに出現した生起回数が表示されている．サブコーパス別にその用例数を概観すると，TATOEBA コーパスで 29 例，TED コーパスで 32 例，WIKIPEDIA コーパスで 36 例，他のコーパスではあまり使われていないことが分かった．各サブコーパスをクリックすることで，そのサブコーパスのみでヒットした例文が表示される仕組みとなっている．また，SCoRE コーパスからの例文については音声マークが表示されており，そのマークをクリックすると音声が流れる仕組みとなっている．

　なお，コロケーション情報については，NLB や WikipediaKyoto-LWP で搭載された頻度，MI スコア，LD スコアに加えて，新たに T スコアと LL スコアの統計指標も本ツールに追加した．各々の値でコロケーションを並び替えることが可能である．[28]　なお，Ver.2.0 以降では，用例をクリックすることで，その前後の文脈が表示される機能も追加する予定である．

4.3.7.　今後の改良について

　本書で紹介した『パラレルリンク』はあくまでパイロット版であり，今後，新たにコーパスの追加や検索機能の搭載を頻繁に進めていく予定である．「（擬似）一般参照」の名に相応しい全体的・相対的にバランスの取れた大規模日英・英日パラレルコーパスの構築を目指していることから，Ver.2.0 以降では，欠落・不足しているジャンルの翻訳テクストを可能な範囲で増補する予定である．追加候補として，JENAAD や Hiragana Times の対訳データなどを検討

---

[28] 『パラレルリンク』には頻度・MI スコア・LD スコア・T スコア・LL スコアの 5 種の各値で共起語を並び替える機能が実装されている．例えば，MI とは Mutual Information（相互情報量）のことを指し，2 語の結びつきの強さを重視したスコアで低頻度語が重視される傾向にある．一方，LD とは LogDice（ログダイス）のことを指し，MI よりも語の頻度情報が反映されやすいスコアである．LD スコアはコーパスサイズの影響を受けないため，異なるコーパス間でスコアの比較が可能となる（Rychlý, 2008;　参照 https://www.sketchengine.eu/my_keywords/logdice/）．また，LL は Log-likelihood を示す．

している．特に有償ライセンスのパラレルコーパスや，自作のパラレルコーパスも積極的に取り込んでいきたい．

　次に，現行版（2022年9月時点で，最新版はVer.1.2）では日英方向のみの検索が可能であったが，Ver.2.0以降では英日方向の検索も可能にし，コンコーダンサー機能も追加する予定である．レキシカルプロファイラーはコーパス分析の初級・中級者にとっては，見出し語のパタンやコロケーションの情報を瞬時に獲得することができ，統計値の計算などの煩雑な分析作業も自動処理されるため，検索結果の解釈に集中できるという利点がある．[29] このような点においては，従来の言語分析で愛用されてきたコンコーダンサーを凌駕している部分もある．その意味では，コンコーダンサーを補完してくれるコーパス検索ツールであると言える．

　ただし，裏を返せば，レキシカルプロファイラーは予め開発者が設計した検索結果しか表示できないという閉鎖的な特性も併せ持つため，制限なしに自由に検索したい分析上級者にとってはコンコーダンサーを好むものも多かろう．よって，レキシカルプロファイラーとコンコーダンサーの双方の検索機能が使えるようになることで，検索語・句の起点言語に関する情報と目標言語の翻訳特性をより精緻に分析することが可能となる．

　他にも今後の本ツールの開発内容をまとめると，検索時の視認性を高めるために抽出された例文中の翻訳ユニット候補を自動的に太字にして色付けする機能や，ParaConcのHot Words機能のように自動的に翻訳語や翻訳ユニットの候補を抽出して，ランキング形式でリスト化する機能も搭載する予定である．[30] また，パラレルコーパスから抽出した英文の用例を授業や教材開発，辞

---

[29] 既に紹介したとおり，レキシカルプロファイリング型コーパス検索ツールには，BCCWJが検索できるNLB（NINJAL-LWP for BCCWJ）やTWC（Tsukuba Web Corpus）が検索できるNLT（NINJAL-LWP for TWC）などが公開されている（赤瀬川・プラシャント・今井，2014, p. 41）．

[30] ただし，レキシカルプロファイラーあるいはコンコーダンサーのどちらを用いたとしても，大規模日英・英日パラレルコーパスから翻訳ユニットを正確に抽出したい場合には，用例を一つ一つ吟味して手作業で翻訳ユニットを特定していく方が確実である．例えば，ParaConcにはHot Words機能があり，CasualPConcにも言語Aの検索語に該当する言語BのTE（Translation Equivalent：単語レベルの翻訳ユニットを指す）をLog-Likelihood値やChi-squared値といった統計値を用いて自動検出する機能が実装されているが，時に翻訳ユ

書の例文などで活用する場合には，必要に応じて GDEX (Good Dictionary Examples)[31] のような機能を活用することも検討したい．特に，パラレルコーパスから抽出した英文が日本文からの翻訳であった場合には，それは "a kind of inferior substitute for the 'real thing'" (House, 2014, p. 2) であり，オーセンティックな英文とは言い難い．必要に応じて語彙難度や文法の複雑性などを調整して書き換えるべきであろう．SCoRE のデータを活用するなども検討し，『パラレルリンク』ならではのツール開発を目指したい．[32] さらに，特定の文法パタンや共起語の翻訳を抽出した際に，クリック一つで Dual KWIC 表示に切り替えることの出来る機能も追加する予定である．音声機能については，NaturalReader (https://www.naturalreaders.com/) や Google 翻訳の音声機能を活用することを検討している．TED コーパスについては，動画ファイルへのジャンプ機能も追加する予定である．

　今後は，辞書編纂や翻訳・通訳実践（研究），対照言語学，言語教育などの多様な分野で活用できる変則的な検索にも対応した，言語の専門家のニーズに応えることのできるツール開発を目指す．

4.4.　『パラレルリンク』の活用研究について

　現行版の『パラレルリンク』には不完全な部分も残るが，今後，パラレルコーパスの数や検索機能の種類が充実することで，英和・和英辞典編纂時の参照的活用や，翻訳・通訳実践時の実務的活用，教育現場における実践的活用な

ニットは lost in translation（翻訳上の省略や削除を指す）などの場合もあり，そのような場合には自動抽出は不可能である．よって，現時点では地道な手作業の方が確実である．

[31] GDEX とは，"a system for evaluation of sentences with respect to their suitability to serve as dictionary examples or good examples for teaching purposes"，そして "[s]entences are evaluated with respect to their length, use of complicated vocabulary, presence of controversial topics (politics, religion…), sufficient context, references pointing outside of the sentence (e.g. pronouns), brand names and other criteria" であると Sketch Engine のウェブサイトで説明している (https://www.sketchengine.eu/guide/gdex/).

[32] この有効性は，言わずもがな COBUILD の失敗から学んだ Longman の例を見ても明らかである．コーパスから抽出した例文の中には，英語を外国語として学ぶ学習者にとっては敷居の高い語彙や文法構造を含むものもある．よって，そのまま辞書に掲載するのではなく，使い手のことを考えて語彙や構造を一定の基準に従って統制し書き換えることは，和英辞典の記述においても引き続き求められるユーザーフレンドリーな編纂手法であると考えられる．

どが期待できる．

　まず，英和・和英辞典編纂時の参照的活用については，現在まで執筆者の主観に依拠していた訳語の数や種類，訳例そのものを，客観的指標をもって精査することが可能となり，現行の英和・和英辞典の翻訳部分に関する記述の問題点を浮き彫りにし，具体的な改善案を示すことが可能となる．詳細は仁科（2020）に譲るが，まず起点言語について大規模コーパスの先行調査を実施し，その後に大規模パラレルコーパスから翻訳ユニットを抽出する．そして，その翻訳ユニットが含まれる平易な例文を SCoRE や GDEX などを用いて選定し，最後に，サンプル記述を作成する，といった流れとなる．現在まで起点言語の見出し語の選出やその共起関係の調査には単言語コーパスが大いに活用され，辞書記述に活かされてきた．その一方で，二言語辞書に掲載されている訳語には執筆者の主観が入っていたことから，『パラレルリンク』の翻訳データを参照することで，真の意味でコーパス駆動型アプローチを実現することが可能となる．

　次に，翻訳・通訳実践における実務的活用についても，やはり一般的な辞書から得ることの出来ない膨大な翻訳の実例を，文法パタン別やコロケーション別に瞬時に獲得出来る点に強みがあると言えよう．翻訳作業の大半の時間は，ウェブやコーパスの検索，あるいは専門辞書や百科辞典の参照などの調査に費やされる．その中でも，特に 2 言語辞書の記述内容を参照することは重要であるという指摘もある（Varantola, 1997）．一方で，このような指摘に反し，二言語辞書に掲載された専門用語（technical term）を含む語・句・表現の訳語には翻訳上の信頼性がなく，実際の実務レベルにおける翻訳時にはあまり役に立たないことがヨーロッパ諸国の翻訳学や辞書学の研究者によって指摘されている（Newmark, 1979; Zgusta, 1984; Hartmann, 1989; Tomaszczyk, 1989; William, 1996; Trujillo, 1999）．このような理由から，翻訳時には，2 言語辞書の使用は極力避けた方がよく，その代わりにあえて複数の単言語辞書を比較・参照すべきであると指摘するものもいる（Newmark, 1979）．[33] 更に，単言語辞書を参照しても，完璧に近い翻訳を行うことはできないことから，翻訳

---

[33] この場合，起点言語と目標言語の双方において単言語辞書を用いて調査すべきである．

者自身が個人的に構築している独自の翻訳データベースを利用しているというケースも多い (Teubert, 1996). 既に 2.3 節で紹介した『英辞郎』も，元々は開発者自らが個人的にストックしていた翻訳データとも呼ぶべき英単語用例集がベースになっている. このような翻訳データベースは翻訳者自らが構築したパラレルコーパスであると言える. 翻訳者はその有用性を無意識の中で理解しているのである.

　さらに，Aston (1999) の研究も示唆するように，翻訳者のテクスト理解や翻訳能力そのものの向上など，翻訳の質と作業スピードの向上にパラレルコーパスが潜在的に貢献しうることが指摘されている. William (1996) も，パラレルコーパスと 2 言語辞書を比較した場合，訳語の的確な選定においては前者が後者をはるかに凌駕することを実証的に示している.[34] つまり，パラレルコーパスは正しい訳語を与え，正確な翻訳を（限りなく）可能にするという点において，辞書の記述より優れている側面もあり，これからの 2 言語辞書の編纂にも大きく貢献する参照資料となりえる. 1 次翻訳は辞書などを使ってざっと翻訳し，2 次翻訳時に『パラレルリンク』を活用して詳細にチェックし，3 次翻訳時にネイティブにチェックしてもらうという方法や，1 次翻訳から積極的に本ツールを使うという手もある. 特に，本ツールの現行版 (2022 年 9 月時点で，Ver.1.2) は，既に 9 種の日英・英日パラレルコーパスを搭載していることから，翻訳・通訳のジャンルに応じて特定のパラレルコーパスを選定し，検索結果を参照するのが効率的であろう. これは，言語教育におけるLSP (Language for Specific Purposes) の考えに沿った TSP (Translation for Specific Purposes) とも言える.

　言語教育における実践的活用に関しては，日英翻訳や英語ライティングの授業などで活用することが期待される. 例えば，質の高い英作文を完成させるまでの過程で大事なことは，まずは書き手が英語で伝えたい内容を如何に日本語で表現するかという点にある. 最近では，機械翻訳の効率的・効果的活用に前向きな英語教育分野においても，DeepL 翻訳 (https://www.deepl.com/

---

[34] 具体的には，約 40% 程度改善されるという報告がある (Aston, 1999).

146

translator)[35] や Google 翻訳に正確に自動翻訳させるためのコツとして，英訳したい日本語を分かりやすく書き換えることの重要性が謳われ，そのために遵守すべき基本的ルールが指摘されるようになった．具体的には，自然な日本語と自然な英訳の間には文化的・言語的なギャップが生じていることから，実際に英訳する際には直訳が可能になる程度にまで，日本語を分かりやすく（あるいは翻訳しやすく）書き換える作業が必要となる．例えば，主語を復元する，重文・複文を単文に変換する，形容詞や副詞を可能な限り基本的なものに差し替える，適度に句読点を打つ，などである．そして，その書き換えられた日本語を英訳する，という流れになる．この翻訳の産出プロセスは，Jakobson (2004; originally published in 1959) の言語内翻訳（intralingual translation）の実践でもあり，Nida & Taber (1969, p. 33) における翻訳プロセスの分析・転移・再構成を具現化した行為でもある．

図 4-8. Nida の翻訳プロセス（Nida & Taber, 1969, p. 33）

『パラレルリンク』に収録されている翻訳文は，田中コーパスなどの一部を除いてオーセンティックなものばかりである．よって，どのような日本語表現において，翻訳のプロが作成した英訳との間に文化的・言語的乖離が認められるのかを学習する上で格好の言語資源となる．例えば，日本特有の文化・言語表現が実際にどのように英訳されているのかなど，予め学習者に考えさせた上で試訳させ，『パラレルリンク』で検索・確認させるという作業は，自律学習をシステマティックに促進させるだけでなく，翻訳上の気づき学習を促す意味においても効果的ではないだろうか．また，翻訳のプロが作成した手本となる

---

[35] DeepL 翻訳とは，2017 年に開始した人工ニューラルネットワークを使った機械翻訳サービスであり，Google 翻訳よりも精度が高いと評価されることが多い．アプリとブラウザベースのどちらからでも使うことができ，直感的なインターフェースが好評である．

英訳に近づくためには，どのようなプロセスを経ることが必要かをディスカッションさせるのも面白い．そのような気づきに繋がるヒントがパラレルコーパスの翻訳データには宝のように埋もれているのである．また，検索語の訳はその共起語によって変化するという翻訳事実や，日英翻訳という言語変換行為は常に逐語的に実行されるものではなく，時に異なる品詞で訳されたり，訳されなかったり（lost in translation）することもあるという事実を学ぶための格好の材料となる．

4.5.　まとめ

　以上，本章では，はじめに，過去から現在までに公開された日英・英日パラレルコーパスや検索ツール，それらを活用した研究の変遷を振り返り，これからの展望を述べた（4.2 節）．そして，4.3 節にて，様々なニーズを受け開発した（擬似一般参照）日英・英日パラレルコーパスオンライン検索ツール『パラレルリンク』のプロトタイプの開発経緯，搭載したパラレルコーパスの選定および再整備に関する一連の作業内容，インターフェースや検索機能の紹介，今後の改良などについて詳説した．最後に，4.4 節にて，本ツールを活用することで可能となる研究事例のいくつかを紹介した．次章では，実際に本ツールを使うことで可能となる事例研究を具体的に実施し，その威力を示す．

第5章　実証編：パラレルコーパス検索の威力

5.1.　はじめに

　この第5章では，第4章で開発した複数のパラレルコーパスを一括検索することができるオンライン検索ツール『パラレルリンク』を使うことで可能となるコーパス駆動型アプローチによる和英辞典の記述の改善方法を具体的に示す．まず，5.2節で本ツールの開発に至るまでの経緯を再度簡単に振り返る．5.3節では，（和英）辞書編纂時に求められるコーパス利用についてまとめる．5.4節では，本ツールの威力を示すべく，ケーススタディとして，日本語他動詞「立てる」の翻訳ユニットから見る和英辞典の記述について具体的に検証していく．5.5節ではこれからの和英辞典に求められる記述について提言し，最後に5.6節でまとめとする．

5.2.　『パラレルリンク』開発の着想について

　はじめに，本章で提案する複数のコーパス検索を基盤とするコーパス駆動型二言語辞書編纂論の考えに至った経緯を順に詳説していく．現代英語の辞書の発展にコーパスの活用は欠かせない．1987年に出版されたCollins CO-BUILD English Language Dictionary以降，英語コーパスのデータに基づいた辞書が相次いで出版され，日本においても『ウィズダム英和辞典初版』がコーパスデータを初めて徹底活用し編纂された辞書として2003年に三省堂から出版された．今となっては英語コーパスを活用した英英辞典・英和辞典の編纂は一般的となったが，日本語コーパスや日英・英日パラレルコーパスを活用したものは未だ見られない．最近になって，日本語コーパスにおいても約1

億語の『現代日本語書き言葉均衡コーパス』(BCCWJ: Balanced Corpus of Contemporary Written Japanese) や約 11 億語の『筑波ウェブコーパス』(Tsukuba Web Corpus: TWC) が構築され無償利用できるようになったが，パラレルコーパスに関しては辞書編纂の目的で使用可能な（一般参照）大規模コーパスは構築されていない．また，現在までに構築され公開された既存のパラレルコーパスはいずれも特定レジスターに偏ったものばかりであり，コーパスサイズや翻訳方向，アラインメントを含めたフォーマットなどにも統一性がない．

　このような現状を受け，前章でも示した言語分析や翻訳支援などで活用できる複数の日英・英日パラレルコーパスを網羅的に検索できるオンラインツール『パラレルリンク』のプロトタイプを筆者は開発した．仁科・赤瀬川 (2022) でも詳説したように，当該ツールに搭載したパラレルコーパスは，それらのフォーマット等を一から全て統一しアラインメントし直してある．そして，それらパラレルコーパスをレキシカルプロファイラーで串刺し検索できるように設計してある．特に，ジャンルや翻訳方向などの情報も参照しながら，起点言語となる日本語の検索語の共起語や文法パタンの計量的情報が把握でき，その翻訳傾向も調査することが可能である．共起語の抽出には 5 種の統計値（素頻度情報を含む）を利用することができる．[1]

　また，仁科 (2015b, 2020) でも示したように，和英辞典の編纂には日本語大規模コーパスや日英・英日パラレルコーパス，日英両言語に精通したバイリンガル翻訳家によるインフォーマント調査の活用が有効であり，[2] その威力のおかげで現行の和英辞典の記述よりもはるかに優れた自然且つ信頼性のある記述案を完成させることが可能となる．これらの研究においては，特定ジャンルのパラレルコーパスしか使用していなかったため，辞書編纂の目的で用いるに

---

[1] コーパスデータの強みはその客観性にある．コーパスを構成するテクストのレジスターの種類やサイズバランスに加えて，複数のパラレルコーパスを収録する場合には翻訳方向とそのバランスも入念にデザインされている必要があろう．そのような検索ツールが開発されることで，英和・和英辞典の編纂時に強力な参照資料と成り得よう．

[2] 仁科 (2015b, 2020) では，日英翻訳が難しいとされる日本語オノマトペや比喩用法で多用される日本語他動詞「固める」の和英辞典の記述に関して，インフォーマント調査やパラレルコーパスを用いて量・質的に分析を試みた．

はどうしてもデータに偏りが生じていた．しかし，今後は複数の日英・英日パ
ラレルコーパスを検索できる本ツールを活用することで，そのような欠点も払
拭することが出来る．5.4 節では，実際に，特定ジャンルのパラレルコーパス
と『パラレルリンク』の翻訳データを比較しながら，比喩的意味で頻繁に用い
られる日本語他動詞「立てる」を分析し，当該ツールの威力を示す．

5.3.　辞書編纂に求められるコーパス利用とは

5.3.1.　コーパス利用の意義と注意点

　電子コーパスの利用は，人間の処理能力をはるかに凌駕した膨大なデータを
高速且つ正確に処理することを可能にした．この恩恵として，母語話者でも今
まで気づくことが出来なかった言語事実の発見に貢献し，既存の言語理論や仮
説を再検証することが科学的に可能となった．辞書や検定教科書，英単語集と
いった学習参考書，文法書などに掲載されている言語情報を，客観的指標を
もって再検証・精査することも可能となった．コーパス解析による新しい言語
事実の発見は，既存の言語理論の研究にも多大に影響を及ぼし，時にはかなり
の信憑性を持って新たな示唆を与えるまでになった．
　一方で，コーパスの限界としてよく議論されることは，「存在しない」もの
を検索することは出来ないので，例えばコーパスで検索した語や句，表現が一
例も見つからないからと言って，それらが我々の言語活動において全く存在し
ていないとは限らない，という根本的事実である．コーパス利用を通して，こ
のような否定的情報を得ることは難しく，コーパスに完全依拠した研究や辞書
編纂などに対して危険視する研究者もいる．結局のところ，古典的に当該言語
の母語話者にインフォーマント調査を実施するしか選択肢がないようにも思え
る．しかしながら，Stubbs（1993, p. 10）は，"Intuitive judgements are par-
ticularly untrustworthy with respect to the frequency and distribution of dif-
ferent forms and meanings of words, and to the interaction of lexis, gram-
mar and meaning" と指摘し，母語話者の言語直観に基づく判断は時に信頼性
に欠けることから注意が必要であると警鐘を鳴らしている．辞書編纂時にイン
フォーマント調査を実施する場合，出身地や世代，ジェンダー，社会階級など

様々な属性を勘案しながら調査したい言語の母語話者をバランスよく集めることができるのであれば意味があるのかもしれないが，事実上それだけの人材を獲得するには困難が伴う．結局のところ，調査言語の母集団を想定し，それに近づけるための工夫を凝らして構築したコーパスの活用が，今後も必要であろうという帰結に達する．

5.3.2. 和英辞典編纂における三つのオーセンティシティ

　次世代型和英辞典の編纂においては，日本語，和英翻訳，英語それぞれのオーセンティシティの追求が重要となる．ここで言うオーセンティシティとは，信頼性ある言語情報の獲得とその辞書記述への反映を意味する．これを達成するためには，原則的に，起点言語，翻訳，目標言語のそれぞれにおいて，大規模な一般参照コーパスを活用することが必須である．

　まず，起点言語となる日本語のオーセンティシティに関しては，大規模日本語コーパスの分析結果に基づき，見出し語の選定からその見出し語の共起情報や典型的な文法パタンなどを客観的視点から抽出した上で，辞書記述に反映する必要がある．日本語のオーセンティシティを追求するには，BCCWJ や TWC といった大規模な（一般参照）コーパスを活用するとよい．特に，NINJAL-LWP for BCCWJ（NLB）や NINJAL-LWP for TWC（NLT）では，レキシカルプロファイラーを利用しているため瞬時に精緻な言語解析が可能である．[3]

　次に，和英翻訳のオーセンティシティについては，現在まで辞書に掲載されている訳語や翻訳ユニット，例文の訳などは，翻訳（学）を専門としない言語学や文学，英語教育などを専門とする辞書執筆者が主観的に作成していたこと

---

[3] NINJAL-LWP（NINJAL-Lago Word Profiler）とは，国立国語研究所と Lago NLP（旧 Lago 言語研究所）が共同開発したコーパス検索システムであり，「レキシカルプロファイリングという手法を用いて，名詞や動詞などの内容語の共起関係や文法的振る舞いを網羅的に表示すること」が可能である（http://nlt.tsukuba.lagoinst.info/）．仁科（2020）では NLB を用いて日本語動詞「固める」とその翻訳を分析したが，コンコーダンサーとは異なり既にいくつかのエラーも含めてタグ処理が施されているため，解析結果を入念にチェックしておく必要がある．また，NLB Ver.1.30 では，著作権上の理由により，出版サブコーパスの新聞（約94万語）を検索することはできないことにも留意されたい（https://nlb.ninjal.ac.jp/）．

から，プロの翻訳家が考案した翻訳を出来る限り客観的な見地から精査し見極め，決定した上で辞書記述に反映させることが望ましい．これは，複数の日英・英日パラレルコーパスを串刺し検索することによって，ある程度解決できる問題でもある．特に，各テクストジャンルで好まれる訳の違いを特定したり，それらの平均値を測ることで一般的にどのような訳が望ましいかなども調査することが可能となる．この件について，本章のケーススタディで実例を挙げて具体的に示す．

　最後に，英語のオーセンティシティについては，既に学習英和辞典・英英辞典の編纂で実践されているとおり，BNC や Bank of English, COCA といった一般参照コーパスを活用すればよい（あるいは，一般参照コーパスであれば，出版社が独自に構築したコーパスでもよい）．英語のコーパスサイズに限って言えば，もはや数億語という収録語数は大規模ではないが，獲得したデータの解析や例文の参照・吟味なども勘案すると，このサイズでも十分である．

　なお，LWP のようなレキシカルプロファイラーには実装されていない複雑な検索（式）が必要となった場合，時にコンコーダンサーの利用も必要となってくる場面もあるかもしれない．よって，辞書編纂のための理想的なコーパス検索ツールとは，レキシカルプロファイラーとコンコーダンサーの双方を実装していることにあると考え，近い将来，『パラレルリンク』も双方を実装する予定である．

5.3.3.　コーパス駆動型和英辞典編纂論

　英語コーパスデータに本格的に基づいた最初の辞書は，1987 年に出版された Collins COBUILD English Language Dictionary である．その後，コーパス活用を全面的に打ち出した Longman Dictionary of Contemporary English (LDOCE) 第三版や Oxford Advanced Learner's Dictionary (OALD) 第五版が 1995 年に出版された．なお，現在ではコーパスといえば電子コーパス（コンピュータコーパス）を指すことが一般的であるが，言語資料という意味合いにおいて辞書は何らかのコーパスを長年利用してきたわけであり，現在の水準で言うところの億単位の語数を誇る大規模コーパスに限定すれば，Collins COBUILD English Language Dictionary の第二版でようやく 2 億語のコーパ

ス（Bank of English）が利用され編纂された．日本においては，コーパス言語学の手法を本格的に採用した辞書は既述の『ウィズダム英和辞典初版』である（赤野・井上, 2018）．頻度や統計値に基づき掲載すべき語義配列やコロケーション情報を決定することで，今まで執筆者の主観性に依拠していた辞書記述に客観性が増したのである．しかしながら，英和・和英辞典などの二言語辞書において，単言語コーパスのみを用いた分析だけでは，どうしても執筆者の主観性が訳語に残ってしまうという問題点もあった．

　そのような問題点への対応策として，仁科（2020）では起点言語のコーパス分析とパラレルコーパスを活用した（翻訳上の）目標言語の分析を融合するというメソッドを開発し，その有効性を提案した．例えば，和英辞典の記述作成の理想的な流れとして，まず日本語大規模コーパス NLB などを活用して獲得したデータの分析を 1 次分析とし，辞書記述の根幹となる起点言語の見出し語や熟語，コロケーションなどの言語情報に関する基礎資料を作成する．その後，様々なジャンル・レジスターの複数の日英・英日パラレルコーパスを使って 2 次分析を実施し，1 次分析で抽出した起点言語のデータについて等価と見做される目標言語の訳語や用例を抽出する．最終的には，抽出した目標言語の用例についても語彙レベル・文法複雑性などを考慮し調整する．このようなプロセスを経ることで，辞書に掲載すべき見出し語やコロケーションなど起点言語の情報と，訳語や用例といった目標言語の情報の全てにおいて，コーパスデータを徹底活用したコーパス駆動型アプローチによる二言語辞書の編纂が可能となる．

5.4. ケーススタディ

　本ケーススタディでは，日本語他動詞「立てる」を取り上げ，『パラレルリンク』を活用したコーパス駆動型辞書編纂法の一端を示す．「立てる」を取り上げた理由として，当該動詞は比喩的意味で用いられることが多いため，その翻訳にも多くの選択肢が認められ，一見，恣意性が高いようにも見えるからである．各和英辞典がどのような訳語を採用しているのかを概観した上で，日本語大規模コーパスや『パラレルリンク』を活用することで得られる翻訳データ

にどのような発見があるのかを示し，それらを辞書記述に反映するまでのプロセスを提示する．

5.4.1.　国語辞典における「たてる【立てる】」の記述

　はじめに，国語辞典における「たてる【立てる】」の記述を概観する．以下は，生きている国語辞典を目指す『デジタル大辞泉』（小学館）に掲載されている記述である．[4] 大分類で17種（小分類で32種）の語義が掲載されており，語義1と2は字義通りの意味，残りの語義3から17まで網掛け部分が非字義的な意味を表している．参考までに，『大辞林第三版』（三省堂）では，大分類で計12種（小分類で25種）の語義に分かれていた．いずれにしても，この語が潜在的に持つ意味は多方に広がっていることが分かる．

『デジタル大辞泉』（小学館）に掲載されている「たてる【立てる】」の記述

1.　ある場所にものを縦にして位置させる．㋐起き立った状態にする．「書棚に本を—・てる」㋑長いものを直立させて据える．「煙突を—・てる」「屏風（びょうぶ）を—・てる」㋒とがったものを刺し込む．「猫がつめを—・てる」㋓突き上がった形のものをつくる．「けばを—・てる」「角を—・てる」2.　座ったり横になったりしているものを起こす．「片ひざを—・てる」「襟を—・てる」3.　ある現象や作用を目立たせたり生じさせたりする．㋐煙や蒸気などを立ちのぼらせる．「湯気を—・てる」㋑風・波などを起こす．「白波を—・てて走る」4.　人を差し向ける．出発させる．「使いを—・てる」5.　表明した決意で身を律する．「誓いを—・てる」「願を—・てる」6.（「閉てる」とも書く）戸や障子をしめる．「ぴったり襖（ふすま）を—・てる」7.㋐ある立場や状況に置く．「間に人を—・てて交渉する」㋑重要な役目・地位につかせる．「証人に—・てる」「候補に—・てる」㋒高位につかせる．「后に—・てる」8.　度合いを強めて，明らかにする．㋐はっきり耳目に認められるようにする．「足音を—・てる」㋑世に知れ渡らせる．「浮き名を—・てる」9.　事物や状態を新たにつくり仕立てる．㋐物事を新たにつくり示す．「新記録を—・てる」「学説を—・てる」㋑目標などを考え定める．「見通しを—・てる」「対策を—・てる」㋒縦目の線をつくり示す．「髪に櫛目を—・てる」10.㋐盛んに気泡を生じさせる．「泡を—・てる」㋑湯などを沸かす．「風呂を—・てる」㋒（「点てる」とも書く）抹茶に湯を注いでまぜ合わせる．「お薄を—・てる」11.　感情を高ぶらせる．「腹を—・てる」12.　注意を向ける．「聞き耳を—・てる」13.　物事を好ましい形で成り立たせたり維持させたりする．㋐目的にかなって使用価値のあるものとする．「役に—・てる」㋑損なわずに保つ．「顔を—・てる」「暮らしを—・てる」㋒世間に認められた存在とする．「文学で身を—・てる」㋓すぐれたものとして尊重する．「年長者を—・てる」㋔矛盾なく認められるようにする．道理・順序を正しくする．「筋道を—・てて話す」14.

---

[4] 『デジタル大辞泉』（小学館）は，本節執筆時（2020年8月），30万2千項目以上を収録した本格的な大型国語辞典である．

（「経てる」とも書く）時を経過させる．月日を過ごす．「愛妻（つま）のことを思い悩んでわびしい月日を─・てて来た」〈近松秋江・青草〉15．進行をとめて，そのままの状態におく．「もとの位置に馬車を─・てて待っていた」〈大仏・地霊〉16．鳥などを飛び立せる．「朝狩（あさがり）に五百（いほ）つ鳥─・て夕狩に千鳥踏み─・て」〈万・四〇一一〉17．動詞の連用形に付いて，物事を盛んに行う意を表す．「書き─・てる」「騒ぎ─・てる」

5.4.2. 学習和英辞典における「たてる【立てる】」の項の調査

　和英辞典の記述に関する網羅的な研究は山岸（2001）に負うところが大きい．一方で，最近の和英辞典の記述に関する計量的な研究は，仁科の一連の研究に負うところが大きい．仁科（2020）の日本語動詞「固める」の研究では，予め設定した基準に基づき厳選した4冊の学習和英辞典『ジーニアス和英辞典第三版』（G3），『ウィズダム和英辞典第三版』（W3），『オーレックス和英辞典第二版』（OL2），『スーパー・アンカー和英辞典』（SA）の記述を批判的に比較し，当該項目の記述改善案を日英パラレルコーパスの分析に基づき提案した．また，仁科（2021b）の日本語複合動詞「X込む」においては，上記4冊の学習和英辞典に加えて，『アドバンスト・フェイバリット和英辞典』（AF），『プログレッシブ和英中辞典第四版』（P4），『新和英中辞典第五版』（NC5）を加えた計7種を用いた．[5] これらの研究を通して，どの辞書も改訂年度が新しいものほどレイアウトやコラムが工夫され進化し，日々の英語学習や受験対策をより意識した構成内容となっているという事実を目の当たりにした．

　本ケーススタディでは，W3，G3，OL2 を調査対象とした．これらの学習和英辞典では，定期的に改訂が実施されており，それぞれに特筆すべき特色がある．例えば，W3 では学習者コーパスの分析結果に基づいた日本人の過剰・過少使用に関する情報（I think は過剰使用，I believe は過少使用など）や，ディスコースマーカー，類語（Word Choice，使い分け）などの解説に力を入れ，「生きた英語」を自然に書くヒントが分かりやすく掲載されている．G3 では，目的から英語へと発信を強く意識させた Communication Box という名のコラムを新設し，「謝る」や「誘う」など40のシチュエーションごとに使え

---

　[5] 各和英辞典の掲載項目数は，W3 が 92,000，G3 が 83,000，O2 が 52,000，SA3 が 45,000，P4 が 93,000，NC5 が 97,000，AF が 100,000 である．O2 では見出し語を大幅に統合しているため，SA3 を除き全体的な分量は他の辞書とさほど変わらない．

る豊富な用例が手際良く掲載されている．W3 と同じく類語の使い分けに関する欄も設けられユーザーには分かりやすい．また，『ジーニアス英和』シリーズの流れを汲んだ語法の解説も豊富に掲載されている．「クラウドコンピューティング（cloud computing）」や「ヘッドスパ（head [scalp] massage and hair care treatment)」のような新語を多数収録し，特に日本人にとっては最も母語の影響を受けやすく誤用されやすいカタカナ語に関する注意喚起（例．キーホルダー：key ring [chain] [c]《◆[x]key holder とは言わない》）も豊富に掲載されている．

　一方，OL2 は高校生の英語学習のみならずビジネスでも使える上級学習和英辞典であり，日本人英語学習者が使いがちな表現を約 100 名の英語のネイティブスピーカーにアンケート調査し，その結果をグラフなどでまとめた Planet Board がとても分かりやすく，英語教員にとっても大変有益な参考資料となる．類語の使い分けに関しては，意味カテゴリーごとに表にまとめられており，W3 や G3 と比較して閲覧時の視認性に優れている．また，留学中や海外転勤時あるいはちょっとしたツアーガイド時などに，最も苦労するであろう日本特有の事物・概念に関する英語の解説が 132 の項目に分けられて紹介されており，大変参考になる．英作文のプロセス「自然な日本語→**英訳に適した日本語**→英語」が段階的に提示され，特に中間表現となる日本語が提示されていることは，前章の図 4-8 で提示した通訳・翻訳の現場でも取り入れられている Jakobson (2004; originally published in 1959) の言語内翻訳 (intralingual translation) の実践であり，Nida & Taber (1969, p. 33) における翻訳プロセスの分析・転移・再構成を具現化した行為でもある（以下，図 5-1 に再掲）．

図 5-1. Nida の翻訳プロセス (Nida & Taber, 1969, p. 33)

　このように和英辞典は日々進化し続けている．辞書間で重複している特徴も
あれば，各辞書特有の秀逸な特徴もある．実際に手にとって，使用者が引きや
すいもの，欲しい情報が手に入るものを選べばよいのだが，肝心の英訳は自然
である方がよい．何が自然で何が不自然か，英訳が自然であったとしても日本
語のニュアンスが適切に伝わる代替表現になっているのかどうかなど，辞書に
掲載されている記述（特に翻訳）の質を何かしらの基準あるいは客観的指標を
もって正当に評価する必要があるだろう．

　そこで『パラレルリンク』のような計量的観点から客観的に翻訳を調査でき
るツールの活用が重要となる．以下，「立てる」を例にその威力を示していく．
各和英辞典における「立てる」の記述量が多いため，「建てる」や「点てる」と
いった類似語とは別項目として「立てる」の見出し語を立項している G3 と
W3 の記述を以下に挙げる（G3 と W3 の実際のフォーマットとはやや異なっ
ていることを断っておく）．[6]

G3 ① [まっすぐに据える]《起こす》raise O；《掲げる》put「O up [up O] || 親指
を立てる raise [hold up] one's thumb《◆上首尾・同意・満足を示すしぐさ》/入口に
看板を立てる put (up) a bulletin board at the entrance/屋上にアンテナを立て
る put (up) an antenna on the rooftop/コートのえりを立てて歩く walk with
one's coat collar turned up ② [立ちのぼらせる]やかんが湯気を立てている The ket-
tle is streaming./トラックが土ぼこりを立てて通り過ぎた A truck went past rais-
ing a cloud of dust. ③ [設定する]来週の予定を立てる make plans for next week/
今年の目標を立てる set a goal [target] for this year/景気回復のための対策を立て
る work out measures for economic recovery ④ [声や音を発する]《声を大きく発
する》raise O；《音などを》make O || 大きな声を立てるな Don't「be loud [raise
your voice]./騒音を立てる make a noise ⑤ [地位・役目に就かせる] 彼を大統領候
補に立てる put him forward as a candidate for the presidency/弁護士を立てて争
う hire a lawyer and fight the case/入口に見張りを立てる post a guard at the
entrance ⑥ [外面を保つようにする] 彼女は常に夫を立てている She always gives
her husband a high profile (in public).；[＝（人前で）夫を高くするために低姿勢を
とる]She always keeps a low profile (in public) to enhance her husband.

---

[6] SA は「たてる（立てる・建てる・点てる）」としてまとめて立項されていたため対象外，
OL2 は「立てる」を見出し語として立項していたが，記述量が G3 や W3 よりも多かった
め割愛した．

W3 ① 【立て起こす】（立たせる）stand*；（倒れた物を起こす）raise；（定位置に立てる）set*；（掲げる）put* … up；（しっかり立てる）plant. ・テーブルにろうそくを立てる stand candles on a table. ・壁にはしごを立てかける stand candles on a table. ・壁にはしごを立てかける stand [set, put, lean] a ladder against the wall. （⇨掛ける）・道路標識を立てる put up road signs. ・地面にポールを立てる（＝固定させる）fix [set] a pole in the ground. ・尾 [耳] をぴんと立てる（⇨尾, ぴんと）▶通りに旗が立てられた The flags were put up [were set up, （掲揚された）were hoisted] in the streets. ▶最初に K2 の頂上に旗を立てたのは誰でしょう Who first planted a flag on the peak of K2? ② 【発生させる, 出す】（ほこりなどを）raise；（音などを）make*. ・大きな音を立てる make a loud [so much] noise. ・うわさを立てる start [（広める）spread] a rumor. ▶その車はもうもうとほこりを立てて走り過ぎて行った The car sped away, raising a cloud of dust. ▶スープを飲むときは音を立てるな Don't make noise when you eat [have] soup. / Don't slurp your soup. (事情 slurp は「音を立てながら飲食する」の意で, 欧米ではマナーに反する）▶声を立てるな（しっ！）Hush! / （静かに）Be quiet! ③ 【計画・理論などを】（作成する）make*；（打ち立てる）set* … up；（確立する）establish. ・夏休みの [家を買う] 計画を立てる make plans for the summer vacation [to buy a house]. ・新しい理論を立てる set up [build, formulate] a new theory. ・新記録を立てる set up [establish, set] a new record. ・政策を立てる establish [《やや書》frame] a policy. ④ 【その他の表現】・彼を先輩として立てる（＝敬意を持って応対する）be respectful to him as one's senior. ・顔を立てる save（↔lose）face. ・医者として身を立てる establish oneself as a doctor. ・大統領候補を立てる（＝推薦する）put up a candidate for the presidency. ・1 章を立ててその問題を論じる devote one chapter to discuss the problem.

　G3 と W3 の記述を見て分かるとおり,「立てる」の基本パタンは「X を立てる」であり, 用例も全てがこのパタンで作例されている（W3 の受動文の 1 例は除く). また, G3 では大きく分けて 6 種の語義が, W3 では 4 種の語義が, OL2 では 7 種の語義が掲載されている. 各辞書に掲載されている第 1 番目の字義的意味の語義は, G3 が「まっすぐに据える」, W3 が「立て起こす」, OL2 では「直立させる」と表現方法こそ異なるものの同じ概念や動作を表していることが分かる. しかしながら, 掲載されている各翻訳ユニットの種類や順序は異なっている. G3 では典型的な訳語として raise と put up, 用例に raise, hold up, put (up), turn up が掲載されている. W3 では典型的な訳語として stand, raise, set, put … up, plant, 用例に stand A on B, stand [set, put, lean] A against B, put up A, fix [set] A in B, put up, set up, hoist, plant A on B が掲載されている. OL2 では典型的な訳語として stand, set up, put up, 用例に stand, set up, have A on B, decorate A with B, make A spiky, tease [backcomb] A が掲載されている．起点言語で言い表したい事象や概念を，目標言語で等価的にどのように表現できるのか．起点言語で「他動詞＋目的語」で表現されていたならば，目標言語でも同じ型を保持すべきなのであろうか．翻訳時に意味や形式は起点言語から目標言語へと全体的に継承すべきなのか，それともそのような配慮は部分的でも問題ないのか．起点言語に合わせた直訳的な訳語を採用すべきか，目標言語の文化などに合わせた意訳的な訳語でもよいのか．翻訳作業が伴う2言語辞書の編纂においては，以上のような課題をどのように消化していくかということが極めて重要である．[7]

　また，各辞書に掲載されている代表的な語義は以下のとおりである．語義の種類や数は異なるものの，概ね語義の順序は辞書間で類似している．しかしながら，G3 の第4番目の「声や音を発する」は，W3 や OL2 では第2番目の語義「発生させる」に統合されており，辞書間の違いも少なからず見られる．なお，個々の辞書の記述を見ていくと，例えば，W3 では第一番目の語義「立て起こす」の最後の例文で K2 という表現が使われ，G3 では「親指を立てる」の説明で「上首尾」という表現が使われているなど，高校生を対象とする学習和英辞典にしては，ユーザーフレンドリーとは思えない記述もいくつか見つかる．

【G3】1.「まっすぐに据える」，2.「立ちのぼらせる」，3.「設定する」，4.「声や音を発する」，5.「地位・役目に就かせる」，6.「外面を保つようにする」
【W3】1.「立て起こす」，2.「発生させる，出す」，3.「計画・理論などを」，4.「その他の表現」
【OL2】1.「直立させる」，2.「発生させる」，3.「定める」，4.「敬う」，5.「茶の湯をする」，6.「差し向ける」，7.「世渡りをする」

---

　[7] 仁科 (2021b) では7種の和英辞典間で掲載されている翻訳ユニットの類似性や相違性を可視化すべく，パイロットスタディとして BCCWJ から抽出した頻度2以上の「X 込む」の翻訳ユニットを全て調査し，多変量解析（数量化 III 類，対応分析）を実施した．その結果，特定の2辞書間で類似性が見られるものもあったが，全体的には翻訳ユニットの選定に関して辞書間で統一性は見られなかった．

5.4.3.　NLB と分類語彙表増補改訂版を用いた共起語の意味カテゴリー調査

　次に，日本語では初の大規模書き言葉コーパス BCCWJ を搭載した LWP である NLB で「立てる」を量的に調査する．NLB において「立てる」は計 7,570 回生起し，パタン頻度順でも「X を立てる」が群を抜いて高頻度（5,376 回/71.02%）であった．よって，「X を立てる」は「立てる」を用いる上で最も典型的な文法パタンであると言える．これは，古くに勝俣（1958, p. iii）が指摘したように，「他動詞＋目的語名詞という型」が「コロケーションの中心をなす」からであり，それは英語にも日本語にも当てはまる言語事実であると言える．

　但し，「他動詞＋目的語名詞」がコロケーションの中心をなすということは，量的な際立ちだけでなく，意味の上でも多様な広がりを見せるということに他ならない．後述するように，「X を立てる」の意味も，メタフォリカルな意味も含めて多様性を帯びており，逐語的には直訳できないケースが目立つ．例えば，日英語間において「窓を開ける」は open a window のように直訳可能であるが，「経験を積む」は pile experience ではなく gain experience となり，「契約を結ぶ」は connect a contract ではなく sign a contract となる．[8]「経験を積む」では，日本語では 1 回 1 回の経験を毎回重ねていくような様がこの共起関係に込められている一方で，英語では経験を得るという結果に焦点が置かれている．「契約を結ぶ」では，日本語では契約という全体的な事象の結果に注目し 2 者間の一体化を表しているが，sign a contract は当該事象の行為そのものに注目している．そして，「一刻を争う」や「体調を崩す」のような日本語表現の英訳にいたっては，もはや「他動詞＋目的語名詞」のコリゲーションは保持されない（具体的には各辞書に掲載されている例を参照されたい）．[9]

---

[8]　赤野一郎名誉教授（京都外国語大学）の授業時にかつて配布された資料を参考にした．これ以降の一部の例も同様．

[9]　例えば「動詞＋名詞」型コロケーションの中でも「一刻を争う」や「体調を崩す」は，直感的にも英訳しづらい日本語特有の表現ではないだろうか．『ウィズダム和英辞典第三版』では，「一刻を争う」は It is most urgent that S＋V ～ に該当する例文が紹介されており，もはや他動詞＋目的語名詞のコリゲーション自体が英語に投射されていない．英辞郎 on the WEB では have no time to lose や require prompt action が掲載され，Weblio に搭載されている JMdict では race against time が掲載され，翻訳者が手掛けた 10 億の訳例から訳語を検索す

162

よって，日本語と英語のコロケーションの不一致という点は，時には特異で高度で複雑であり，直訳の縛りから脱却し外国語のコロケーションを習得するにはかなりの負荷を強いられると言えよう．これは「X を立てる」もまた例外ではない．

この「X を立てる」の X 位置に生起した名詞は計 849 種であった．10 回以上生起していたのは 77 種，2 回以上生起していたのが 363 種であった．つまり，486 種（57.24%）がたった一回しか生起していない hapax legomenon（孤語）のような類のものであり，[10] Kornai（2008, p. 72）や Malmkjaer（2004）で既に指摘されている結果とも近似していることから，計量言語学的には想定の範囲内に収まっている．[11] 表 5-1 は「X を立てる」の X 位置に生起した名詞（表記形）を頻度，MI スコア，LD スコアの値に基づきそれぞれ Top10 をリスト化したものである．[12] MI スコアの特性でもあるが，MI スコア順に上から Top10 に入っている名詞はどれも特徴的なものばかりであることが分かる．我々が実際の日常生活で頻繁に使用したり出くわす「X を立てる」は，むしろ素頻度や LD スコア順で高ランクに位置している名詞ではないだろうか．

表 5-1.「X を立てる」の X 位置に生起する名詞 Top10（頻度，MI，LD）

	頻度		MI		LD	
1	音	689	聞き耳	13.60	腹	10.59
2	腹	532	目くじら	13.41	音	9.84
3	計画	532	縮緬皺	13.31	生計	9.26
4	生計	111	偉功	12.99	計画	9.17

るることができる Linguee では time sensitive や time-critical などがヒットした．よって，日本語の「一刻を争う」という事象を英語で描写する選択肢が多様であることが分かる．同じく Linguee で「体調を崩す」を検索すると，fall / feel / get＋sick のコロケーションの用例がヒットしたことから，名詞 sick が連れてくる動詞を把握しておく必要があるだろう．

[10] ここでは，正確には語ではなく動詞句やコロケーションを示していることから，「～のような類のもの」と記している．

[11] 例えば，Malmkjaer（2004, p. 87）は，100 万語のアメリカ英語コーパスである Brown Corpus において，全語種の約半数にあたる 50,000 種が hapax legomenon（孤語）であったことを指摘している．

[12] NLB には頻度・MI スコア・LD スコアの 3 種の値で検索語を並び替える機能が実装されている．

5	膝	95	立憲政体	12.72	聞き耳	8.82
6	対策	84	むかっ腹	12.57	仮説	8.54
7	目標	80	波風	12.36	膝	8.28
8	聞き耳	76	めくじら	12.31	手柄	8.00
9	声	75	筵旗	12.31	親指	7.77
10	仮説	74	青筋	12.27	寝息	7.73

　全ての「X を立てる」を調査することはできないので，本ケーススタディでは便宜上，頻度と LD スコアの双方を勘案し調査対象を選出することにした．採用した基準は頻度 7 以上で LD スコアが 2 以上である．この理由として，例えば，頻度 6 の名詞である「エッジ」や「サーバー」の意味が分類語彙表には掲載されていなかったため，7 以上を基準としている．その結果，初段階で計 101 種の「X を立てる」が調査対象となった．[13] この全 101 種を調査した結果，「象を立てる」は同一の書籍の同一ページ（蜂屋邦夫著『中国的思考』，2001, p. 122）から抽出されていたこと，この「象」はおそらく「像」の意味で使われていることから調査対象外とし，最終的な調査対象は 100 種となった．

NLB から抽出した 101 種の「X を立てる」（頻度 7 以上，LD スコア 2 以上）

腹，音，生計，計画，聞き耳，仮説，膝，手柄，親指，寝息，見通し，矢，襟，旗，目標，プラン，目くじら，湯気，作戦，伺い，戦略，爪，笑い声，スケジュール，人差し指，筋道，波風，対策，誓い，担保，柱，足音，指，方針，志，歯，支柱，蝋燭，三脚，アンテナ，予定，小指，物音，予測，身，線香，看板，証し，水音，声，暮らし，松，企画，人さし指，中指，噂，青筋，地響き，構想，方策，耳，竿，誓願，尻尾，包丁，杭，候補，立札，門松，予想，轟音，さざ波，操，背骨，策，顔，象，設計，テント，毛，説，札，問い，墓，枝，項目，匂い，波，弁護士，角，夫，首，予算，政策，原則，対応，論，生活，体，男，問題

　次に，仁科（2020）の方法論に倣い，これら 100 種の「X を立てる」を国立国語研究所が 2004 年に公開した『分類語彙表増補改訂版データベース』（Ver.1.0）の情報に基づき，意味カテゴリーごとに類別した．[14] 今回，この意味カテゴリーを活用した処理において，名詞 X 単体の意味ではなく，「X を

---

[13] LD スコアの最高値は「腹を立てる」で 10.59，最小値は「彼を立てる」で 1.11 であった．
[14] 同データベースには，各語の意味が類 → 部門 → 中項目 → 分類項目の順で記載されている．

164

立てる」全体の意味で処理することとした．例えば，名詞 A 単体では中立的
な意味であっても，「A を立てる」で使用された場合にメタフォリカルな意味
であれば，そちらの意味カテゴリーとして処理した．以下の図 5-2 および 5-3
は，これら 100 種の「X を立てる」の分類語彙表における中項目各種と分類項
目各種の割合を示す．

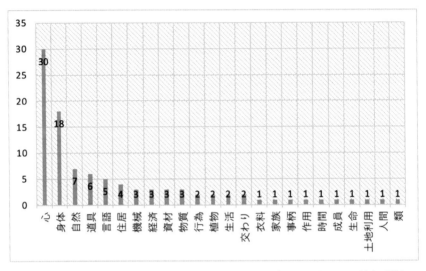

図 5-2. 分類語彙表増補改訂版の中項目における各カテゴリーの割合（%）

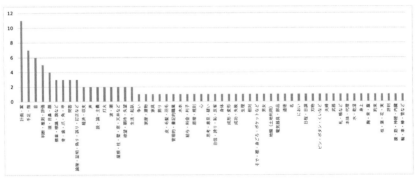

図 5-3. 分類語彙表増補改訂版の分類項目における各カテゴリーの割合（%）

　図5-2から分かるように中項目においては【心】と【身体】のカテゴリーが秀でて使用されており，その後に【自然】，【道具】，【言語】，【住居】などが続く．また，図5-3のより具体的な各分類項目の割合から，X位置に生起する名詞には【計画・案】(11%)，【手足・指】(7%)，【音】(6%)，【判断・推測・評価】(5%)，【頭・目鼻・顔】(4%)などが頻繁に使われているカテゴリーであることが分かる．

　続いて，以下は，各中項目に含まれる中項目・分類項目の詳細を示す．

中項目・分類項目の詳細（網掛けが中項目，【　】内が分類項目，（　）内の数値がタイプ数を表す）

心 (30)【計画・案 (11)，判断・推測・評価 (5)，論理・証明・偽り・誤り・訂正など (3)，声 (2)，説・論・主義 (2)，欲望・期待・失望 (2)，原理・規則 (1)，心 (1)，思考・意見・疑い (1)，自信・誇り・恥・反省 (1)，道徳 (1)】/身体 (18)【手足・指 (7)，頭・目鼻・顔 (4)，骨・歯・爪・角・甲 (3)，皮・毛髪・羽毛 (1)，胸・背・腹 (1)，身体 (1)，膜・筋・神経・内臓 (1)】/自然 (7)【音 (6)，におい (1)】/道具 (6)【標章・標識・旗など (3)，刃物 (1)，武器 (1)，札・帳など (1)】/言語 (5)【問答 (3)，評判 (1)，名 (1)】/住居 (4)【屋根・柱・壁・窓・天井など (2)，家具 (1)，家屋・建物 (1)】/機械 (3)【灯火 (2)，電気器具・部品 (1)】/経済 (3)【経済・収支 (2)，給与・料金・利子 (1)】/資材 (3)【ピン・ボタン・くいなど (1)，飾り (1)，輪・車・棒・管など (1)】/物質 (3)【波・潮 (2)，水・乾湿 (1)】/行為 (2)【身上 (1)，成功・失敗 (1)】/植物 (2)【木本 (1)，枝・葉・花・実 (1)】/生活 (2)【生活・起臥 (2)】/交わり (2)【約束 (1)，争い (1)】/衣料 (1)【そで・襟・身ごろ・ポケットなど (1)】/家族 (1)【夫婦 (1)】/事柄 (1)【本体・代理 (1)】/作用 (1)【成形・変形 (1)】/時間 (1)【日程・日課 (1)】/成員 (1)【管理的・書記的職業 (1)】/生命 (1)【生理 (1)】/土地利用 (1)【地類（土地利用）(1)】/人間 (1)【男女 (1)】/類 (1)【相対 (1)】

　例えば，中項目の中で最も使われているのは【心】であり，その分類項目の中では【計画・案】が最も使われていることが分かる．この【心−計画・案】グループには，以下11種の「Xを立てる」が分類されている．括弧中の左の数値は頻度，右の数値はLDスコアを表す（以下同様）．この結果を一つの指標とすれば，少なくとも「【計画・案】を立てる」の場合には，「計画」や「プラン」，「作戦」などの用例を使えばよいことが分かる．[15] G3では第3番目の

---

[15] 例えば，「作戦」は中項目【心】の分類項目【計画・案】と中項目【交わり】の分類項目【戦争】の2種が割り当てられていたが，類義語の「戦略」や「策」，「プラン」などは全て中項目【心】の分類項目【計画・案】のみに該当していたことから，「作戦」も中項目【心】の分類項目【計画・案】のレーベルを付与した．このように，特定の「Xを立てる」に対して『分類語彙表

語義の初例が「予定」，W3 では「計画」であることから，この点では W3 の方がより客観的な言語情報が記述に反映されている，と言えるかもしれない.

計画 (532；9.17)，プラン (41；7.46)，作戦 (42；7.33)，戦略 (46；7.19)，対策 (84；6.9)，予定 (40；6.31)，企画 (17；5.87)，方策 (10；5.65)，策 (11；5.3)，設計 (11；5.2)，政策 (10；4.18)

また，中項目【心】が内包する分類項目の中で 2 番目に多くの種類が使われていた【判断・推測・評価】の具体例は以下の 5 種類である. この分類項目からは，「見通し」や「目標」，「方針」の掲載が妥当であろう. 今回は G3 に「目標」が掲載されている一方で，W3 にこれらは掲載されていなかった. このような辞書編纂方法は，現在まで辞書編纂者・執筆者の主観に頼らざるを得なかった訳語や用例の採択に一定の客観性を持たせることが可能となり，エビデンスを持って執筆に取り組むことができる. また，辞書の編纂方針がコーパス駆動型アプローチを支持する場合には，どのような訳語・用例を採択すべきか迷う必要もなくなることから，最終的には執筆時間の短縮にも繋がるのではないだろうか.

見通し (45；7.64)，目標 (80；7.51)，方針 (32；6.62)，予測 (16；6.14)，予想 (12；5.38)

そして，分類語彙表中項目【身体】の分類項目【手足・指】では，以下の順で X が生起している.「人差し指」と「人さし指」は同じ対象物を差すことから実際の順位や頻度，LD スコアはさらに高くなるはずであるが，その事実を抜きにしても「膝」や「親指」の用例も採用に値する. この意では，G3 には第一語義の 1 番目の例文に「親指を立てる」が採用されていることから評価に値する一方で，W3 には【手足・耳】の身体表現の記載は一切ない. 代わりに第一語義の後半で，「尾 [耳] を立てる」が掲載されている. 尾や耳は，今回 LD スコアと頻度の一定の基準に従って抽出された 18 種の身体表現のうち，耳

増補改訂版データベース』(Ver.1.0) に掲載されている複数の意味カテゴリーが認められた場合には，その Phraseology 全体としての意味や，類義語が属している意味カテゴリーを勘案して判断することにした.

(22; 5.64) が第 11 位，尻尾 (9; 5.56) が第 14 位であり，他の身体表現を優先すべきではないだろうか．このようにして，各カテゴリーに属しているどの語が「X を立てる」の記述に妥当かを精査していく必要がある．

膝 (95; 8.28)，親指 (43; 7.77)，人差し指 (23; 7.02)，指 (36; 6.64)，小指 (14; 6.31)，人さし指 (10; 5.86)，中指 (10; 5.84)

5.4.4.　辞書記述に採用すべき意味カテゴリーとその翻訳ユニット抽出までの流れ

G3 が 14 種，W3 は数え方にもよるが少なくとも 20 種以上，OL2 は 28 種の「X を立てる」を掲載している．また，第 5.4.2 節でも紹介したように，より大枠の意味カテゴリーに注目すれば，G3 が 6 種，W3 が 4 種，OL2 が 7 種であり，平均は 5.67 種である．よって，このような前例に従えば，意味カテゴリーにおいては 5〜6 種を基準として採用すればまずまずということになる．また，各意味カテゴリーにつき，G3 では平均して 2〜3 種の翻訳ユニット＋用例を掲載していたことから，同様に 2〜3 の翻訳ユニットや訳例を掲載するのが分量的にも適量（あるいはユーザーフレンドリー）なのかもしれない．

以下は，今回抽出した目的語位置 X に生起する共起名詞の各中項目と分類項目の総頻度と LD スコアの合算値別のリスト Top 7 である．少なくとも上位 7 種のカテゴリーのうち，【心】，【自然】，【身体】，【経済】，【道具】，【言語】の 6 種に関しては重複していることが分かる．網掛けの 2 種は重複していないカテゴリーである．よって，これら重複した 6 種を各辞書のサイズに応じて順に採用すればよいのではないだろうか．

> 頻度順：心 (1891)，自然 (757)，身体 (475)，経済 (143)，道具 (119)，行為 (92)，言語 (78)
> LD 順：心 (190.75)，身体 (112.33)，自然 (44.42)，道具 (37.27)，言語 (25.04)，住居 (24.86)，経済 (20.33)

現行の和英辞典では字義的意味→非字義的意味の順で記述を展開しているが，今回はコーパス駆動型アプローチの視点から，純粋にデータ順で意味を配

列してみる．各カテゴリー順に生起した共起名詞を並べると以下のようになる．[16] 特に網掛けしている共起名詞は意味が類似しているものを指し，レマ処理のように一つにまとめて処理してもよいだろう．

1. [【心】を立てる] 腹を立てる，計画を立てる，仮説を立てる
2. [【身体】を立てる] 膝を立てる，親指を立てる，人差し指を立てる，指を立てる，爪を立てる
3. [【自然】を立てる] 音を立てる，足音を立てる，物音を立てる
4. [【道具】を立てる] 矢を立てる，旗を立てる，看板を立てる，包丁を立てる
5. [【言語】を立てる] 伺いを立てる，噂を立てる，問いを立てる，項目を立てる，問題を立てる
6. [【経済】を立てる] 生計を立てる，担保を立てる，予算を立てる

　上記の結果を整理し，辞書記述の骨格に当てはめたサンプルが以下となる．この時点では日本語のみの記述であるが，次に，この原案の中に該当する英訳を入れていく作業が必要となる．

記述改善案の骨格　① [心・頭の中の感情・考えを具体化する] 腹を立てる，計画を立てる，仮説を立てる．② [体の部位を起こす] 膝を立てる，親指 [人差し指] を立てる，爪を立てる．③ [音を出す] 音 [足音・物音] を立てる．④ [(字義的に) 道具を直立させる] (白羽の) 矢を立てる，旗 [看板] を立てる，包丁を立てる．⑤ [確認する，広める，作成する] 伺いを立てる，噂を立てる，問い [問題] を立てる．⑥ [経済基盤を確保する] 生計を立てる，担保を立てる，予算を立てる．

　ここまで可能な限り執筆者の主観性を排除して辞書を記述する方法を記しているが，最後の仕上げは翻訳ユニットの選定である．参考までに表5-2は「【心】を立てる」の意味カテゴリーに属する上位3種について，『パラレルリンク』に収録されている SCoRE を除く各パラレルコーパス8種 (JESC, LAW, OPENSOURCE, REUTERS, TAIYAKU, TATOEBA, TED,

---

[16] 参考までに，頻度順第6位の [行為を立てる] には，「身を立てる」と「手柄を立てる」，LD スコア順第6位の [住居を立てる] には，「柱を立てる」，「支柱を立てる」，「三脚を立てる」，「テントを立てる」が該当した．

WIKIPEDIA）を検索し，それぞれ上位 3 種の翻訳ユニットをリスト化したも
のを示す．便宜上，場合によってはいくつかの変種を集めて，パタン単位で結
果を表示している．括弧内の数値（%）は，各パラレルコーパスに生起した翻
訳ユニット総数に対する当該ユニットの割合を示す．また，NA は該当なしを
示す．

　表 5-2 から明らかなように，現時点では抽出できる翻訳ユニットの数につ
いて，パラレルコーパス間で開きがあることが分かる．この原因として，当該
表現の使用が特定ジャンルに固執している場合と，収録されたパラレルコーパ
スのサイズに問題がある場合が考えられる．一般的には 10 万語あたり，ある
いは 100 万語あたりにどの程度の数がヒットしたかを計算し標準化すること
で，異なるサイズのコーパス間における比較が可能となる．表 5-2 では素頻
度と割合のみを表示しているが，素頻度だけであっても「腹を立てる」は
TATOEBA や TAIYAKU，JESC，TED などのくだけた文体や話し言葉が含
まれるパラレルコーパスから用例が抽出されていることが分かる．一方，「計
画を立てる」はバランスよく使われており，特に TED や WIKIPEDIA など
で好まれて使用されていることが分かる．「仮説を立てる」については，その
使用が TED に偏っていることも分かる．このようなパラレルコーパス（ある
いはジャンル）の偏向性については，Range の値から「腹を立てる」が 75%，
「計画を立てる」が 100%，「仮説を立てる」が 37.5% であり，これら 3 種の中
では「仮説を立てる」が最も特定ジャンルに生起しやすい表現であることが分
かる．

　表 5-2 のように頻度の高い翻訳ユニットについて一覧にしておくことで，
例えば「腹を立てる」の翻訳ユニットについては，be / get angry，be angered，
lose one's temper，be / get upset あたりから選べば間違いないことが分かる．
「計画を立てる」については，plan の他動詞用法や to 不定詞が後続する plan
to do，make a plan に代表される V + plan に注目すればよい．特に，V +
plan については TED と WIKIPEDIA からの翻訳ユニットの例が豊富である．
「仮説を立てる」の場合は TED からの例に頼らざるを得ないが，それでも口
語では make / develop / have / formulate a hypothesis（あるいは hypotheses）
などのコロケーションが使われることが分かる．よって《口語》というレーベ

表5-2.「[心]を立てる」に生起する上位3種の共起名詞とそれらの翻訳ユニット

	JESC 映画・ドラマ・テレビ	LAW 法律文書	OPEN 技術文書	REUTERS 新聞・ニュース	TAIYAKU 文学	TATOEBA 教科書・歌詞など	TED プレゼンテーション	WIKI ウィキペディア	Range (%)
心／腹	15 例	0 例	0 例	1 例	36 例	149 例	19 例	9 例	75%
	be/become/get angry (40%)	NA	NA	(be) angered (100%)	be/grow angry (with) (31%)	be/get/feel angry prep/to do (61%)	LT (26%)	become/get angry (56%)	
	LT (27%)	NA	NA	NA	(be) angered against (11%)	lose one's temper; be out of temper (8%)	be/get (genuinely) upset (about/with) (21%)	become/get upset (22%)	
	others [be enraged/mad/pissed/upset/vexed など](33%)	NA	NA	NA	V+angrily/resolutely/unresentfully (11%) (unresentfully は「腹を立てることも なく」の意で使用)	take offense (at) (4%)	be/get angry (at) (21%)	anger O/be angered at (22%)	
計画	13 例	5 例	4 例	23 例	14 例	39 例	48 例	36 例	100%
	plan O [動詞用法] (38%)	plan O [動詞用法] (40%)	plan (O) [動詞用法] (50%)	plan (to do) [動詞用法] (61%)	plan (O) [動詞用法] (36%)	make a plan/plans (51%)	V+plan [make/concoct/hatch/have/construct/develop/call/put together/lay out/come up with a plan/plans] (31%)	V+plan [make/draw up/develop/establish/have/create/work out+a plan/plans] (39%)	

	make a plan / plans (15%)	a plan for ~ be devised (40%)	orga-nize O (25%)	have/set/draw up (one's) plan(s) to do [plan 名詞用法＋to 不定詞] (17%)	make (one's own) plans (21%)	plan to do[動詞用法] (13%)	LT (27%)	plan to do [動詞用法] (36%)	
	LT (15%)	create a plan (20%)	LT (25%)	plan of/for ~ (9%)	others (43%) [foresee O/take practical shape/there is a scheme for/calculate that S + V/make an attempt/LT]	plan O[動詞用法] (10%)	plan 動詞用法という [plan O; plan O out; plan to do; plan for] (10%)	plan O [動詞用法] (14%)	
	0例	0例	0例	0例	1例	0例	24例	1例	37.5%
仮説	NA	NA	NA	NA	form one's own hypothesis upon (100%)	NA	LT (38%)	put forward the hypothesis that S + V (100%)	
	NA	NA	NA	NA	NA	NA	make/develop/have/confirm/formulate/be a hypothesis/hypotheses (29%)	NA	
	NA	NA	NA	NA	NA	NA	hypothesize (8%)	NA	

ルを付与した上でこのような訳例を掲載するのは理に適っているのではないだろうか.[17] 採用する翻訳ユニットについては，機械的に最もよく使われているものを頻度順にいくつか選出する，あるいは Range のバランスなども勘案しながら選出するなど色々と方法はあろう．選出した翻訳ユニットに関して，前章で説明した GDEX や SCoRE などを活用し，辞書掲載に適した例文を自動抽出するなどの手法も検討に値する．但し，GDEX の例文は，モノリンガル辞書である英英辞典に記載する分においては適した例文かもしれないが，バイリンガル辞書である和英・英和辞典には不向きなものもあろう．よって，GDEX から抽出された例文の語彙レベルや文の長さを更に調整し，日本文化に合わせた内容に多少改変することで最終的な例文を作成する方がよい．

5.5. これからの和英辞典に求められる記述とは

　以上見てきたように，和英辞典編纂時の初段階において最も肝要なことは，まず起点言語の日本語の精緻な分析にある．この日本語分析においては，本稿で紹介したような大規模コーパスの計量分析のみならず，検索語のコンコーダンスラインや状況文脈 (context of situation) を質的に深く洞察する力が必要となる．例えば，「招く」(invite) を W3 で引くと，以下の4つの語義（「手招きする」，「招待する」，「来てもらう」，「引き起こす」）と用例が掲載されている.[18]

まねく　招く　①〖**手招きする**〗beckon. ▶彼は中に入るよう手で招いた He beckoned (to) me to come in [beckoned me in]. (事業 米英人の手招きは，手のひらを自分に向けて人指し人差し指または親指以外の4本の指を前後に動かす) ②〖**招待する**〗invite [ask] 《him》《to＋場所・催し, for＋催し》; (家に) have* 《him》 over [(a) round] 《for＋催し》. (⇨招待する) ・家の中へ招き入れる ask [(歓迎して) welcome] 《him》 in; (先導して) lead 《him》 inside. ▶お招きいただきありがとうございました It was (so)

---

kind of you to *invite* me. / Thank you for *inviting* me. / Thank you for your *invitation*. 会話 「彼を今晩食事に招いたらどう？」「それはいいですね」"Why don't we *invite* [*ask*] him *to* dinner tonight?" "That's a good idea."(❗ … invite [*ask*] him *for* dinner のように for も可) ③〖来てもらう〗[[専門的指示を得るため]] call … in; [[雇う]] employ,《主に英書》engage. (❗ employ は給与支給，engage は雇用契約を暗示し，敬意は伴わない)(⇨雇う) ▶我々は彼を顧問として招いた We called him *in* [*employed* him, *engaged* him] *as* an adviser. ④〖引き起こす〗cause, bring* … about (❗ 前の方がより直接的な原因を表す); [[結果として至る]] lead* to …, result in … (❗ 後の方が堅い言い方); [[よくない事をもたらす]]《やや書》give* rise to …. (⇨引き起こす，もたらす) • 誤解を招く cause misunderstanding. • 疑惑を招く *invite* [*arouse*] suspicion. • 怒りを招く *incur*⟨his⟩anger. ▶賃金の上昇は物価高を招く Higher wages *cause* [*bring about, lead to, result in, give rise to*] higher prices. (❗ lead to, result in, give rise toは受身不可)

　実際に BCCWJ で検索すると，W3 の語義の中では語義4〖引き起こす〗の用例が最も多く，その大半がネガティブな意味合いで使われていた．つまり，「招く」の見出し項目で最後に掲載されている情報が，日常生活あるいは社会生活において，実は最も頻繁に使う可能性のある意味でもある．意味の派生順序で言えば W3 の語義配列順が妥当であるのかもしれないが，実際の言語活動の実態をより反映したい場合には，非字義的意味の「よくない事が起きる」の掲載が最優先となる．さらに W3 の記述では触れられていないが，「招く」が否定的に使用されている場合は，主語や目的語が抽象的な事物など無生物であることが多く（例．余計な発言が災いを招く），[19] 逆に主語が人（特に1・3人称代名詞）である場合には，中立・肯定的な意味となる傾向にある（例．彼は客人を招いた）．つまり，このような日本語の意味的韻律（Louw, 1993）を反映した言語の質的な情報を，これからの和英辞典の語義説明や例文などに反映し明示化していく必要があるだろう．

　最後に，辞書によっては，各見出し語に掲載している情報として，翻訳ユニットと用例の双方を示している項目，翻訳ユニットだけを示している項目，用例のみを示している項目に分かれる．やはり，紙幅が許す限りは，翻訳ユニットと用例の双方を提示する方が，よりユーザー・フレンドリーな和英辞典

---

[19] 他にも「彼の態度はさらに悪い結果を招いた」，「その発言は国の混乱を招いた」，「歯切れの悪い言い訳がいっそう誤解を招いた」，「その法律改正は交通事故の増加を招いた」など，[無生物主語＋無生物目的語＋招く]は否定的に使われることが多い．

の記述であると言えよう.

5.6. まとめ

　以上，本節では，擬似一般参照日英・英日パラレルコーパス検索ツール『パラレルリンク』を活用することで可能となる和英辞典編纂法の一端を紹介した.今回のケーススタディで示した和英辞典編纂法とは，**日本語大規模コーパス・分類語彙表による意味カテゴリー調査**[20]→『パラレルリンク』による**翻訳ユニットの抽出**であるが，最終的な原稿の完成までには以下のようなプロセスを経ることが理想であろう.無論，出来上がった原稿に関しては，現行の和英辞典の記述も参考にしながら執筆者の裁量で多少の修正が適宜的に必要になってくる.

①　日本語大規模コーパス・分類語彙表による意味カテゴリー調査
②　パラレルコーパス（『パラレルリンク』など）による翻訳ユニットの抽出
③　抽出した翻訳ユニットに関して GDEX や SCoRE などによる例文の抽出と修正
④　サンプル記述案の作成
⑤　辞書執筆の現役・経験者による記述案の評価と修正

　この流れは，生産技術における品質管理などの継続的改善手法である PDCA（Plan（計画）→ Do（実行）→ Check（評価）→ Action（改善））サイクルに似ているところがある.つまり，既存の辞書やコーパスを使って辞書の記述案の作成準備にとりかかる（Plan），そのような素材を使って実際に言語分析を実施し，各見出し項目の記述を作成する（Do），辞書編集部，現役の辞書執筆者（あるいは経験者），玄人・素人のユーザーなど第三者に記述を評価してもらう（Check），改善点が見つかれば出発点に戻り，参照する言語資料やコーパス，解析手法（統計手法を含む）などを見直し，再度分析・執筆を実施

---

[20] 状況に応じて，日本語であれば分析者による主観的な意味カテゴリー付与や，英語であれば Wmatrix による自動的な意味カテゴリー付与なども検討されたい.

する（Action）という流れになる．Plan の時点で扱えるデータの信頼性や幅が拡がれば，Do の時点で得られる分析結果や記述内容にも信憑性が増し，より言語事実を反映したものとなる．そうすれば Check での評価は必然と高くなり，時に Action は必要なくなる，あるいは必要があったとしても微修正で終わることもある．結局のところ，Plan と Do において，質だけでなく量的に頑健なデータ（解析）に基づいていることが，より質の高い辞書記述を達成する上での鍵となる．

　特に，パラレルリンクを活用する利点とは，(1) 和英辞典には掲載されていない語彙やフレーズ，表現のオーセンティックな訳語を獲得することができる点，(2) ジャンル別（パラレルコーパス別）に出現頻度が分かることから，辞書の訳語ごとのレーベル表示の判断に役立つ点，そして (3) 翻訳方向を加味することで，今までの辞書の編纂者・執筆者が主観的に作成した訳語が，信頼性をもって客観的に抽出・断定・掲載することができる点にある．また，日本語大規模コーパスにおける調査に関しては，BCCWJ のみならず『日本語話し言葉コーパス (Corpus of Spontaneous Japanese: CSJ)』[21] (https://ccd.ninjal.ac.jp/csj/) と合算し，例えば両者の比率を 1 対 1 などして比率配分を決めた上で分析する．その後に『パラレルリンク』を活用することで，現状としては書き言葉と話し言葉の双方の視点からバランスの取れた翻訳ユニットを抽出することができる．今後このような辞書編纂法が推進されることを切に願う．

---

[21] 『日本語話し言葉コーパス』とは，国立国語研究所と情報通信研究機構（旧通信総合研究所），および東京工業大学が共同開発した研究用の話し言葉コーパスである．日本語の自発音声が大量に収集され，多くの研究用の情報も付与されていることから，言語学や言語教育，辞書編纂，自然言語処理，音声学など様々な分野で利用されている．

参考文献

Aarts, J., & Meijs, W. (1984). *Corpus Linguistics*. Amsterdam: Rodopi.

Aijmer, K. (2002). What Can Translation Corpora Tell us about Discourse Particles? *English Corpus Studies, 9*, 1-16.

赤野一郎・井上永幸 (2018)『英語コーパス研究シリーズ 3 コーパスと辞書』東京：ひつじ書房.

赤瀬川史朗 (2001)「新世代の言語分析ツール TXTANA Standard Edition」『英語コーパス研究』第 8 号, 107-118.

赤瀬川史朗 (2002)「日英パラレルコーパスの構築とパラレルコンコーダンサ Parallel Scan の開発」『英語コーパス研究』第 9 号, 45-55.

赤瀬川史朗・プラシャントパルデシ・今井新悟 (2014)「NINJAL-LWP の類義語比較機能」『第 6 回コーパス日本語学ワークショップ予稿集』, 41-50.

赤瀬川史朗・プラシャントパルデシ・今井新悟 (2016)『日本語コーパス活用入門：NINJAL-LWP 実践ガイド』東京：大修館書店.

Anthony, L. (2017). AntPConc (Ver.1.2.1) [Computer Software]. Tokyo, Japan: Waseda University. Retrieved from https://www.laurenceanthony.net/software (last accessed January 2022).

Anthony, L. (2020). AntConc (Ver.3.5.9) [Computer Software]. Tokyo, Japan: Waseda University. Retrieved from https://www.laurenceanthony.net/software (last accessed January 2022).

Anthony, L., Chujo K., & Oghigian, K. (2011). A Novel, Web-based, Parallel Concordancer for Use in the ESL/EFL Classroom. In J. Newman, H. Baayen, & S. Rice (Eds.), *Corpus-based Studies in Language Use, Language Learning, and Language Documentation* (pp. 123-138). NY: Rodopi. https://doi.org/10.1163/9789401206884_008

新井洋一 (2010)「フリーオンラインコーパス概観と複数のオンライン版 BNC」『英語コーパス研究』第 17 号, 177-188.

Asano, M. (2018). Construction of Medical Research Article Corpora with AntCorGen: Pedagogical Implications. *English Corpus Studies, 25*, 101-115.

浅野博・阿部一・牧野勤 (編) (2004)『アドバンストフェイバリット和英辞典』東京：東京書籍.

浅野元子・宮崎佳典・中野愛実・野口ジュディー・石川有香・若狭朋子・藤枝美穂

(2022)「学術英語への扉を開く教育支援システムの開発と授業実践：医療系論文抄録による英日対訳パラレルコーパスの研究報告」『英語コーパス学会春季研究会発表資料』PPT 資料によりページ番号情報なし.

朝尾幸次郎 (1997)「WWW ページ作成の意義と研究利用」『英語コーパス研究』第 4 号, 49-58.

Aston, G. (1999). Corpus Use and Learning to Translate. *Textus, 12,* 289-314.

Barlow, M. (2002). ParaConc: Concordance Software for Multilingual Parallel Corpora. [Computer Software]. Retrieved from https://paraconc.com (last accessed January 2022).

Biber, D. (1988). *Variation Across Speech and Writing.* Cambridge, UK: Cambridge University Press.

Biber, D. (2001). Corpus Linguistics and the Study of English Grammar. *English Corpus Studies, 8,* 1-18.

Borin, L. (2002). …and Never the Twain Shall Meet?. In L. Borin (Ed.), *Parallel Corpora, Parallel Worlds: Selected Papers from a Symposium on Parallel and Comparable Corpora at Uppsala University, Sweden, 22-23 April, 1999* (pp. 1-43). Amsterdam: Rodopi.

Breiman, L., Friedman, J. H., Olshen, R. A., & Stone, C. J. (1984). *Classification and Regression Trees.* Wadsworth, NY: Chapman & Hall/CRC.

Brezina, V. (2018). *Statistics in Corpus Linguistics: A Practical Guide*. Cambridge, UK: Cambridge University Press.

Brookes, G. (2021). 'Lose Weight, Save the NHS': Discourses of Obesity in Press Coverage of COVID-19. *Critical Discourse Studies, Published Online*, 1-19. https://doi.org/10.1080/17405904.2021.1933116

Burrows, J. F. (1987). Word-Patterns and Story-Shapes: The Statistical Analysis of Narrative Style. *Literary and Linguistic Computing, 2,* 61-70.

Burrows, J. F. (1989). 'A Vision' as a Revision? *Eighteenth-Century Studies, 22*, 551-565.

Chang, C., P. Danielsson, & W. Teubert (2005). Chinese-English Translation Database: Extracting Units of Translation from Parallel Texts. In G. Barnbrook et al. (Eds.), *Meaningful Texts, The Extraction of Semantic Information from Monolingual and Multilingual Corpora* (pp. 131-142). London and New York: Continuum.

Cheng, W. (2013). Semantic Prosody. In C.A. Chapelle (Ed.), *The Encyclopedia of Applied Linguistics* (pp. 1-7). Oxford, England: Wiley-Blackwell Publishing Ltd.

千葉庄寿 (2008)「フィンランド語記述文法とコーパスデータの役割」『英語コーパス研究』第 15 号, 17-32.

Chujo, K., Anthony, L., & Oghigian, K. (2009). DDL for the EFL Classroom: Effective Uses of a Japanese-English Parallel Corpus and the Development of a Learner-Friendly, Online Parallel Concordancer. In M. Mahlberg, V. González-Díaz, & C. Smith (Eds), *Proceedings of 5th Corpus Linguistics Conference*. Liverpool: University of Liverpool. http://ucrel.lancs.ac.uk/publications/cl2009/, accessed 12/05/11.

中條清美・アントニローレンス・内山将夫・西垣知佳子 (2014)「フリーウェア Web-ParaNews オンライン・コンコーダンサーの英語授業における活用」『日本大学生産工学部研究報告 B』第 47 号, 49-63.

中條清美・西垣知佳子・赤瀬川史朗・内山将夫 (2015)「レキシカル・プロファイリング型オンラインコーパス検索ツール LWP for ParaNews の英語授業における利用」『日本大学生産工学部研究報告 B』第 48 号, 45-57.

中條清美・西垣知佳子・内山将夫・原田康也・山﨑淳史 (2005)「日英パラレルコーパスを活用した英語語彙指導の試み」『日本大学生産工学部研究報告 B』第 38 号, 17-37.

Chujo, K., & Oghigian, K. (2008). A DDL Approach to Learning Noun and Verb Phrases in the Beginner Level EFL Classroom. In A. Frankenberg-Garcia (Ed.), *Proceedings of the 8th Teaching and Language Corpora Conference (TaLC)* (pp. 65-71). Lisbon, Portugal: Associação ISLA-Lisboa.

Chujo, K., Oghigian, K., & Akasegawa, S. (2015). A Corpus and Grammatical Browsing System for Remedial EFL Learners. In A. Leńko-Szymańska, & A. Boulton (Eds.), *Multiple Affordances of Language Corpora for Data-driven Learning* (pp. 109-128). Amsterdam: John Benjamins. https://doi.org/10.1075/scl.69.06chu

中條清美・内山将夫 (2004)「統計的指標を利用した特徴語抽出に関する研究」『関東甲信越英語教育学会研究紀要』第 18 号, 99-108.

中條清美・内山将夫・長谷川修治 (2005)「統計的指標を利用した時事英語資料の特徴語選定に関する研究」『英語コーパス研究』第 12 号, 19-35.

Chujo, K., Utiyama, M., & Miura, S. (2006). Using a Japanese-English Parallel Corpus for Teaching English Vocabulary to Beginning-Level Students. *English Corpus Studies, 13*, 153-172.

Collins UK Staff. (1996). *COBUILD English Language Dictionary 2nd Edition: Helping Learners with Real English*. London: Collins ELT.

Collins COBUILD. (2006). *Collins COBUILD Advanced Learner's English Dictionary 5th Revised Edition*. London: HarperCollins.

Collins COBUILD. (2009). *Collins COBUILD Advanced Dictionary*. Boston: Heinle Cengage Learning.

Croft, W. (1993). The Role of Domains in the Interpretation of Metaphors and Metonymies. *Cognitive Linguistics, 4*, 335-370.

Crystal, D.（ed）.（2008）. *A Dictionary of Linguistics and Phonetics the 6th Edition.* Malden, MA: Wiley-Blackwell.

出村慎一・西嶋尚彦・長澤吉則・佐藤進（編）（2004）『健康・スポーツ科学のための SPSS による多変量解析入門』東京：杏林書院.

Doval, I., & Sanchez Nieto, M.T.（2019）. Parallel Corpora in Focus: An Account of Current Achievements and Challenges. In I. Doval, & M.T. Sanchez Nieto （Eds.）, *Parallel Corpora for Contrastive and Translation Studies: New Resources and Applications* （pp. 1-15）. Amsterdam／Philadelphia: John Benjamins Publishing Company. DOI 10.1075／scl.90

Electronic Dictionary Project『英辞郎』制作チーム（編）（2020）『英辞郎 第十一版（辞書データ Ver.159）』東京：アルク.

江里口瑛子・小林一郎（2014）「潜在情報を利用したパラレルコーパス生成」『人工知能学会全国大会論文集』第 314 巻第 1 号，1-4.

Ferraresi, A., & Bernardini, S.（2019）. Building EPTIC: A Many Sided, Multi-Purpose Corpus of EU Parliament Proceedings. In I. Doval, & M.T. Sanchez Nieto （Eds.）, *Parallel Corpora for Contrastive and Translation Studies: New Resources and Applications* （pp. 123-139）. Amsterdam／Philadelphia: John Benjamins Publishing Company. https://doi.org/10.1075/scl.90.08fer

Fillmore, C. J., & Atkins, B. T. S.（1994）. Starting Where the Dictionaries Stop: The Challenge for Computational Lexicography. In B.T.S. Atkins, & A. Zampolli （Eds.）, *Computational Approaches to the Lexicon* （pp. 349-393）. Oxford: Oxford University Press.

Firth, J. R.（1957）. *A Synopsis of Linguistic Theory: Studies in Linguistic Analysis.* Oxford: Blackwell.

Fitikides, T. J.（著）赤野一郎・倉田誠（訳）（2001）『英語「誤」法ノート 555（ロングマン英語ハンドブックシリーズ）』東京：ピアソンエデュケーション.

Francis, G., Hunston, S., & Manning, E.（1996）. *Collins COBUILD Grammar Patterns 1: Verbs.* London: HarperCollins.

Francis, G., Hunston, S., & Manning, E.（1997）. *Collins COBUILD Grammar Patterns 2: Nouns and Adjectives.* London: HarperCollins.

Francis, W. N., & Kučera, H.（1982）. *Frequency Analysis of English Usage.* Boston, MA: Houghton Mifflin.

Frankenberg-Garcia, A., & Santos, D.（2003）. Introducing COMPARA: The Portuguese-English Parallel Corpus. In F. Zanettin, S. Bernardini, & D. Stewart （Eds）, *Corpora in Translator Education* （pp. 71-87）. Manchester: St. Jerome.

藤本一男（2017）「対応分析のグラフを適切に解釈する条件」『津田塾大学紀要』第 49 号，141-153.

藤村逸子（2008）「フランスの特徴的なコーパス研究——語彙研究と政治ディスコース研

究」『英語コーパス研究』第 15 号，45-56.

Fujiwara, Y. (2003). The Use of Reasons-Consequence Conjuncts in Japanese Learners' Written English. *English Corpus Studies, 10*, 91-104.

福田薫 (2021)「現代英語で書かれた文学作品の文体特徴の計算 (2)：複数の指標を用い た著者判定」『北海道教育大学紀要』第 71 号，63-75.

古橋聰・高橋薫 (1995)「LOB-Corpus におけるカテゴリーの特徴について──多変量統 計解析法による分析──」『中京大学教養論叢』第 35 号，727-747.

Gledhill, C. (2011). The 'Lexicogrammar' Approach to Analysing Phraseology and Collocation in ESP Texts. *Asp La Revue du GERAS, 59*, 1-18.

後藤一章 (2006)「対応分析から得られる「類型スコア」を用いたテキストタイプ推定手 法の提案」『英語コーパス研究』第 13 号，107-122.

Greenacre. M. (2007). *Correspondence Analysis in Practice (the 2nd Edition)*. London, UK: Chapman & Hall/CRC Interdisciplinary Statistics.

Groom, N., Charles, M., & John, S. (2015). *Corpora, Grammar and Discourse in Honour of Susan Hunston*. Amsterdam: John Benjamins.

Guinovart, X. G. (2019). Enriching Parallel Corpora with Multimedia and Lexical Semantics: From the CLUVI Corpus to WordNet and SemCor. In I. Doval, & M.T. Sanchez Nieto (Eds.), *Parallel Corpora for Contrastive and Translation Studies: New Resources and Applications* (pp. 141-158). Amsterdam/Philadelphia: John Benjamins Publishing Company. https://doi.org/10.1075/scl.90.09gom

長谷川守寿 (2014)「BCCWJ の文構造タグに関する一考察」『首都大学東京人文学報』 第 448 号，23-47.

Hareide, L., & Hofland, K. (2012). Compiling a Norwegian-Spanish Parallel Corpus: Methods and challenges. In M. Oakes, & M. Ji (Eds), *Quantitative Methods in Corpus Based Translation Studies* (pp. 75-114). Amsterdam: John Benjamins.

Hartmann, R. (1989). Lexicography, Translation and the So-Called Language Barrier. In M. Snell-Hornby et al. (Eds.), *Translation and Lexicography* (pp. 9-20). Amsterdam: John Benjamins.

Hori, M. (1999). Collocational Patterns of Intensive Adverbs in Dickens: A Tentative Approach. *English Corpus Studies, 6*, 51-66.

堀正広・赤野一郎 (監・編) (2019)『英語コーパス研究シリーズ第 1 巻──コーパスと英 語研究──』東京：ひつじ書房.

堀正広・赤野一郎 (監) 赤野一郎・堀正広 (編) (2017)『英語コーパス研究シリーズ第 7 巻──コーパスと多様な関連領域──』東京：ひつじ書房.

堀正広・赤野一郎 (監) 赤野一郎・井上永幸 (編) (2018)『英語コーパス研究シリーズ第 3 巻──コーパスと辞書──』東京：ひつじ書房.

堀正広・赤野一郎 (監) 深谷輝彦・滝沢直宏 (編) (2015)『英語コーパス研究シリーズ第 4 巻──コーパスと英文法・語法──』東京：ひつじ書房.

堀正広・赤野一郎（監）堀正広（編）(2016)『英語コーパス研究シリーズ第5巻——コーパスと英語文体——』東京：ひつじ書房.

堀正広・赤野一郎（監）西村秀夫（編）(2019)『英語コーパス研究シリーズ第6巻——コーパスと英語史——』東京：ひつじ書房.

堀正広・赤野一郎（監）投野由紀夫（編）(2015)『英語コーパス研究シリーズ第2巻——コーパスと英語教育——』東京：ひつじ書房.

Hornby, A. S. (1995). *Oxford Advanced Learner's Dictionary (OALD) the 5th Edition.* Oxford: Oxford University Press.

保坂道雄 (1996)「英語史研究における Helsinki Corpus の役割——古英語の "DO" をめぐって——」『英語コーパス研究』第3号，27-44.

House, J. (2014). *Translation: A Multidisciplinary Approach.* Hampshire: Palgrave Macmillan.

Hunston, S. (2002). *Corpora in Applied Linguistics.* Cambridge: Cambridge University Press.

Hunston, S. (2007). Semantic Prosody Revisited. *International Journal of Corpus Linguistics, 12*, 249-268.

Hunston, S., & Francis, G. (2000). *Pattern Grammar: A Corpus-Driven Approach to the Lexical Grammar of English (Studies in Corpus Linguistics, 4).* Amsterdam: John Benjamins.

Hunston, S., & Thompson, G. (2000). *Evaluation in Text: Authorial Stance and the Construction of Discourse (Oxford Linguistics).* Oxford: Oxford University Press.

Imao, Y. (2018) CasualPConc (Ver.1.0)[Computer Software]. Retrieved from https://sites.google.com/site/casualconcj/yutiriti-puroguramu/casualpconc (last accessed January 2022).

井村誠 (2001)「洋画セリフコーパスの作成と口語英語研究」『英語コーパス研究』第8号，77-90.

井上永幸 (1995)「MicroConcord——コンコーダンスプログラム——」『英語コーパス研究』第2号，141-148.

井上永幸・赤野一郎（編）(2003)『ウィズダム英和辞典 初版』東京：三省堂.

井上永幸・赤野一郎（編）(2006)『ウィズダム英和辞典 第二版』東京：三省堂.

井上永幸・赤野一郎（編）(2019)『ウィズダム英和辞典 第四版』東京：三省堂.

石田プリシラ (2014a)「実践で学ぶ コーパス活用術 12：日本語コーパスに見られる慣用句の用法」『研究社 WEB マガジン Lingua（リンガ）』オンライン．Retrieved from https://www.kenkyusha.co.jp/uploads/lingua/prt/13/IshidaPriscilla1406.html

石田プリシラ (2014b)「実践で学ぶ コーパス活用術 13：日本語コーパスに見られる慣用句の変化可能性」『研究社 WEB マガジン Lingua（リンガ）』オンライン．Retrieved from https://www.kenkyusha.co.jp/uploads/lingua/prt/13/IshidaPriscilla1407.html

石上文正 (2021)「バイデン大統領の大統領就任演説の象徴的世界分析」『日本メディア英語学会第 11 回 (通算第 63 回) 年次大会発表資料』1-13.

石川慎一郎 (1998)「英語コミュニケーションと語彙——大学入試用単語集の有効性の検証」『言語文化学会論集』第 11 号，3-19.

石川慎一郎 (2004)「司法英語 ESP 語彙表構築の試み——FWOWN コーパスと米国司法文献コーパスの比較に基づく特徴語の抽出——」『神戸大学 国際コミュニケーションセンター論集』第 1 号，13-27.

石川慎一郎 (2006)「言語コーパスからのコロケーション検出の手法——基礎的統計値について——」『統計数理研究所共同研究リポート』第 190 号，1-14.

石川慎一郎 (2008a)『英語コーパスと言語教育——データとしてのテクスト』東京：大修館書店.

石川慎一郎 (2008b)「主成分分析を用いた英文エッセイ自動診断システムの構築の可能性」『統計数理研究所共同研究リポート』第 215 号，29-42.

石川慎一郎 (2009)「因子分析 (3 変数 1 因子モデル) を用いた FROWN コーパスにおける頻度副詞の共通性と独自性の検討」『統計数理研究所共同研究リポート』第 232 号，119-127.

石川慎一郎 (2010)「コーパスに基づく批判的談話分析——首相官邸英語版メールマガジンの量的語彙分析——」『英語コーパス研究』第 17 号，127-142.

石川慎一郎 (2012)『ベーシックコーパス言語学』東京：ひつじ書房.

石川慎一郎 (2013)「語彙多様性・文構成度：母語話者と学習者の区分基準は何か——決定木を用いた学習者コーパス分析——」『統計数理研究所共同研究レポート』第 290 号，107-124.

石川慎一郎・前田忠彦・山崎誠 (2010)『言語研究のための統計入門』東京：くろしお出版.

石坂達也・内山将夫・隅田英一郎・山本和英 (2009)「大規模オープンソース日英対訳コーパスの構築」『情報処理学会研究報告』第 17 号，1-7.

磐崎弘貞 (2007, April 8)「辞書 GAKU 事始め　追悼：「コウビルド辞書の父」」*Asahi Weekly*. Retrieved from http://www.asahi.com/english/weekly/0408/04.html

Jakobson, R. (1959/2004). On Linguistic Aspects of Translation. In L. Venuti (Ed.), *The Translation Studies Reader* (*2nd ed.*) (pp. 138-143). New York: Routledge.

Janda, L. A. (2013). Quantitative Methods in Cognitive Linguistics: An Introduction. In L. A. Janda (Ed.), *Cognitive Linguistics—The Quantitative Turn: Essential Reader* (pp. 1-32). Berlin: Mouton de Gruyter.

Johansson, S. (1998). On the Role of Corpora in Cross-Linguistic Research. In S. Johansson, & S. Oksefjell (Eds), *Corpora and Cross-linguistic Research* (pp. 3-24). Amsterdam: Rodopi.

Johansson, S. (2007). *Seeing through Multilingual Corpora. On the Use of Corpora in Contrastive Studies [Studies in Corpus Linguistics 26]*. Amsterdam: John Ben-

184

jamins. http://doi.org/10.1075/scl.26

Johns, T. F. (1991a). Should You Be Persuaded: Two Examples of Data-Driven Learning. *English Language Research Journal, 4*, 1–13.

Johns, T. F. (1991b). From Printout to Handout: Grammar and Vocabulary Teaching in the Context of Data-Driven Learning. *English Language Research Journal, 4*, 27–45.

梶原智之・小町守 (2018)「平易なコーパスを用いないテキスト平易化」『自然言語処理』 第 25 巻第 2 号, 223–249.

Kamitani, K. (2006). Identifying Differences in -Body and -One Indefinite Pronouns through Correspondence Analysis. *English Corpus Studies, 13*, 43–57.

金澤俊吾 (2020)「英語における live a/an Adj life と lead a/an Adj life に見られる意味的違いについて」『英語コーパス研究』第 26 号, 21–37.

勝俣銓吉郎 (1958)『新英和活用大辞典』東京：研究社.

君山由良 (2002)『コレスポンデンス分析と因子分析によるイメージの測定法』東京： データ分析研究所.

金明哲 (2007)『R によるデータサイエンス』東京：森北出版株式会社.

木村美紀 (2017)「ランダムフォレストを用いた文芸作品の計量的分類と変数の特定の試み――Alice Bradley Sheldon と Ernest Hemingway」『英語コーパス研究』第 24 号, 41–54.

岸野英治 (編) (2018)『ウィズダム和英辞典 第三版』東京：三省堂.

衣笠忠司 (2010)『Google 検索による英語語法学習・研究法』(開拓社言語・文化選書) 東京：開拓社.

Kiyama, N. (2018). How Have Political Interests of U.S. Presidents Changed?: A Diachronic Investigation of the State of the Union Addresses through Topic Modeling. *English Corpus Studies, 25*, 79–99.

Knowles, M., & Moon, R. (2006). *Introducing Metaphor*. London and New York: Routledge.

小林多佳子 (2003)「"Maybe", "Perhaps", "Probably" は日本人英語学習者の書き言葉でどのように使用されているか――学習者コーパスを利用したアプローチ――」『英語コーパス研究』第 10 号, 41–54.

小林多佳子 (2005)「学習者コーパスを利用したコロケーションの分析――動詞 "have" の共起表現を中心に――」『英語コーパス研究』第 12 号, 53–66.

小林雄一郎 (2008)「高頻出語を用いた学習者コーパスの分類」『統計数理研究所共同研究リポート』第 215 号, 69–82.

Koehn, P. (2005). Europarl: A Parallel Corpus for Statistical Machine Translation. In *Proceedings of the 10th Machine Translation Summit* (pp. 79–86). Phuket, Thailand: Asia-Pacific Association for Machine Translation.

小島ますみ (2010)「新しい lexical richness 指標 S の提案――学習者の産出語彙頻度レ

ベルの推定――」『英語コーパス研究』第 17 号，1-16.

コリック，マーティン・ダッチャー，デービッド・田辺宗一・金子稔（編）(2002)『新和英中辞典 第五版』東京：研究社.

Koller, V., & Mautner, G. (2004). Computer Applications in Critical Discourse Analysis. In C. Coffin, A. Hewing, & K. O'Halloran (Eds.), *Applying English Grammar: Functional and Corpus Approaches* (pp. 216-228). London: Hodder Arnold.

Kondo, Y. (2018). Move Development of London Hotel Overview on Official Websites: Luxury Strategies in Overview Text. *English Corpus Studies, 25*, 21-39.

近藤いね子・高野フミ（編）(2011)『プログレッシブ和英中辞典 第四版』東京：小学館.

小西友七（編）(2007)『ウィズダム和英辞典 初版』東京：三省堂.

小西友七（監）岸野英治（編）(2012)『ウィズダム和英辞典 第二版』東京：三省堂.

小西友七・南出康世（編）(2006)『ジーニアス英和辞典 第四版』東京：大修館書店.

Kornai, A. (2008). *Mathematical Linguistics*. London: Springer. https://doi.org/10.1007/978-1-84628-986-6

小迫勝 (1970)「ロンドン学派の言語学についての一考察」『下関商経論集』第 14 号，125-142.

Kovecses, Z. (2000). *Metaphor and Emotion: Language, Culture, and Body in Human Feeling*. Cambridge: Cambridge University Press.

小山由紀江・水本篤 (2010)「単語連鎖にみる科学技術分野と他分野の英語表現比較」『統計数理研究所共同研究リポート』第 239 号，1-12.

國森伸子 (2000)「現代英語における *ed*-adjective 形成の条件」『英語コーパス研究』第 7 号，21-38.

楠本君恵 (2001)『翻訳の国の「アリス」――ルイス・キャロル翻訳史・翻訳論』東京：未知谷.

Lakoff, G. (1987). *Women, Fire and Dangerous Things: What Categories Reveal about the Mind*. Chicago and London: University of Chicago Press.

Lakoff, G., & Johnson, M. (1980). *Metaphors We Live By*. Chicago and London: University of Chicago Press.

Lakoff, G., & Turner, M. (1989). *More than Cool Reason: A Field Guide to Poetic Metaphor*. Chicago and London: University of Chicago Press.

Landauer, T. K., McNamara, D. S., Dennis, S., & Kintsch, W. (2014). *Handbook of Latent Semantic Analysis*. London: Routlege.

Leech, G. (1991). The State of the Art in Corpus Linguistics. In K. Aijmer, & B. Altenberg (Eds.), *English Corpus Linguistics: Studies in Honor of Jan Svartvik* (pp. 8-29). London: Longman.

Leech, G. (1992). Corpora and Theories of Linguistic Performance. In J. Startvik (Ed.), *Directions in Corpus Linguistics* (pp. 105-122). Berlin: Mouton de Gruyter.

Leech, G. (2000). Corpus Linguistics and the British National Corpus. *English Cor-

pus Studies, 7, 1-20.

Longman Dictionary of Contemporary English (LDOCE) (3rd ed.). (1995). Harlow: Longman.

Longman Dictionary of Contemporary English (LDOCE) (6th ed.). (2014). Harlow: Longman.

Louw, B. (1993). Irony in the Text or Insincerity in the Writer? The Diagnostic Potential of Semantic Prosodies. In M. Baker, G. Francis, & E. Tognini-Bonelli (Eds.), *Text and Technology: In Honour of John Sinclair* (pp. 157-76). Philadelphia / Amsterdam: John Benjamins.

前川喜久雄 (2008)「日本語コーパス開発の現状と展望」『英語コーパス研究』第 15 号, 3-16.

Malinowski, B. (1923). Supplement 1: The Problem of Meaning in Primitive Language. In C. K. Ogden, & I. A. Richards (Eds.), *The Meaning of Meaning* (pp. 296-336). New York: Harcourt, Brace & World, Inc.

Malmkjaer, K. (2004). *The Linguistics Encyclopedia (2nd ed.)*. London & New York: Routledge.

松本曜 (2021)「移動表現の研究におけるコーパスと実験」『実験認知言語学の深化』 287-309.

松村明 (監) (2022)『デジタル大辞泉』東京：小学館.［*年 3 回更新されているため, 最新版の出版年は本書校正時の 2022 年］

松村明 (編) (2006)『大辞林 第三版』東京：三省堂.

McEnery, T., Xiao, R., & Tono, Y. (2006). *Corpus-Based Language Studies: An Advanced Resource Book.* London: Routledge.

道端秀樹 (監) Electronic Dictionary Project『英辞郎』制作チーム (編) (2002)『英辞郎 初版』東京：アルク.

Miki, N. (2010). A New Approach to L2 Writing: A Parallel Corpus of Japanese Learners' Essays and Those Corrected by Native English Speakers. *English Corpus Studies, 17*, 49-65.

Milton, J. (1998). Exploiting L1 and Interlanguage Corpora in the Design of an Electronic Language Learning and Production Environment. In S. Grainger (ed.), *Learner English on Computer* (pp. 186-198). Harlow: Longman.

南出康世 (編) (2014)『ジーニアス和英辞典 第五版』東京：大修館書店.

南出康世・中邑光男 (2011)『ジーニアス和英辞典 第三版』東京：大修館書店.

水本篤 (2008)「自由英作文における語彙の統計指標と評定者の総合的評価の関係」『統計数理研究所共同研究リポート』第 215 号, 15-28.

水本篤 (2009)「コーパス言語学研究における多変量解析手法の比較：主成分分析 vs. コレスポンデンス分析」『統計数理研究所共同研究リポート』第 232 号, 53-64.

Mizumoto, A., & Chujo, K. (2015). A Meta-analysis of Data-driven Learning Approach in the Japanese EFL Classroom. *English Corpus Studies, 22*, 1-20.

水本篤・浜谷佐和子・今尾康裕 (2016)「ムーブと語連鎖を融合させたアプローチによる応用言語学論文の分析 ―― 英語学術論文執筆支援ツール開発に向けて」『英語コーパス研究』第 23 号，21-32.

水本篤・野口ジュディー (2009)「多変量解析を用いた PERC コーパスの領域分類」『統計数理研究所共同レポート』第 232 号，85-106.

Mizumoto, A., & Chujo, K. (2016). Who is Data-Driven Learning for? Challenging the Monolithic View of Its Relationship with Learning Styles. *System, 61*, 55-64. https://doi.org/10.1016/j.system.2016.07.010

水野和穂 (1996)「A corpus of Late Modern English Prose」『英語コーパス研究』第 3 号，149-154.

Nakamura, J., Inoue, N., & Tabata, T. (2004). *English Corpora under Japanese Eyes*. Leiden / Amsterdam: Brill Rodopi.

中谷安男 (2012)「アカデミック・ライティングにおける研究者のスタンス ―― 研究論文の Introduction における伝達動詞の時制の検証」『英語コーパス研究』第 19 号，15-30.

中谷安男 (2013)「「論文」アカデミック・ライティングにおける Modal Verb 使用の検証 ―― 学術論文の Introduction と Conclusion の比較」『英語コーパス研究』第 20 号，1-14.

中谷安男・土方裕子・清水眞 (2011)「アカデミックコーパスにおける Coherence 構築のストラテジー Science の Discussion における Information Order の検証」『英語コーパス研究』第 18 号，1-16.

中谷安男・清水眞 (2010)「アカデミック・コーパスのディスコース・ストラテジーの初期的検証 ―― 物理化学論文の Abstract における Move 分析 ―― 」『英語コーパス研究』第 17 号，17-32.

Nakazawa, T., Yaguchi, M., Uchimoto, K., Utiyama, M., Sumita, E., Kurohashi, S., & Isahara, H. (2016). ASPECT: Asian Scientific Paper Excerpt Corpus. In *Proceedings of the Ninth International Conference on Language Resources and Evaluation (LREC'16)* (pp. 2204-2208). Portorož, Slovenia: European Language Resources Association (ELRA).

Nesi, H. (2009). A Multidimensional Analysis of Student Writing across Levels and Disciplines. In M. Edwardes (Ed.), *Proceedings of the BAAL Annual Conference 2008: 41st Annual Meeting of the British Association for Applied Linguistics, 11-13 September 2008: Taking the Measure of Applied Linguistics, Swansea University* (pp. 11-13). London: Scitsiugnil Press.

Neubig, G. (2014) 日英法令対訳コーパス Retrieved from http://www.phontron.com/jaen-law/index-ja.html

Newmark, P. (1979). A Layman's View of Medical Translation. *British Medical Jour-*

nal, 2, 1405-1407.

NICT（2010）Wikipedia 日英京都関連文書対訳コーパス Ver.2.01. Retrieved from https://alaginrc.nict.go.jp/WikiCorpus/

Nida, E. A., & Taber, C. R.（1969）. *The Theory and Practice of Translation.* Leiden: E.J. Brill.

西村公正（2002）「誌上シンポジウム　日英パラレルコーパスでどのような英語研究が可能か——コーパス構築の概要と検索プログラム，および研究事例」『英語コーパス研究』第9号，37-43.

西村道信（1996）「D. H. ローレンスのイマジャリーとシンボリズム——コンピュータによる文体論の可能性——」『英語コーパス研究』第3号, 59-76.

仁科恭徳（2007a）「大学入試問題コーパスに基づいた近刊英語単語集における妥当性の一考察」『Kobe English Language Teaching (KELT)』第22号，39-56.

仁科恭徳（2007b）「会計英語に見る ESP 語彙の重要性：米国会計英語コーパスからの特徴語の抽出」『Kobe English Language Teaching (KELT)』第22号，19-38.

仁科恭徳（2007c）「相互関係を表す形容詞から見たシノニム学習の理論と実践教材：実証的考察とパラレルコーパスを用いたデータ駆動型学習法を中心に」『LET 関西支部研究集録』第11号，45-59.

Nishina, Y.（2007）. A Corpus-Driven Approach to Genre Analysis: The Reinvestigation of Academic Newspaper and Literary Texts. *ELR Journal, 1*(2). [online journal] Retrieved from http://ejournals.org.uk/ELR/article/2007/2

仁科恭徳（2008a）「パラレルコーパスを用いた抽象語彙・フレーズの一考察：これからの二言語辞書の編纂論」『LET 関西支部研究集録』第12号，83-97.

仁科恭徳（2008b）「パラレルコーパスを用いた交換可能性の一考察」『英語コーパス研究』第15号，81-95.

Nishina, Y.（2008）. Parallel Corpora in Computer-Assisted Language Learning: A Case of Lexical Studies and Data-Driven Learning Using Moodle". In R. Marriott, & P. Torres.（Eds.）, *Handbook of Research on E-Learning Methodologies for Language Acquisition* (pp. 203-217). Hershey: Information Science.

仁科恭徳（2009）「和英辞典における辞書改善の一提案：日本語「テロ」の場合」『Kobe English Language Teaching (KELT)』第24号，3-20.

仁科恭徳（2010）「コーパス言語学と批判的談話分析の融合：歴代米国大統領の一般教書演説を題材に」『日本語用論学会 第13回大会発表論文集』第6号，105-112.

Nishina, Y.（2010）. *Evaluative Meanings and Disciplinary Values: A Corpus-Study of Adjective Patterns in Research Articles in Applied Linguistics and Business Studies.* Ph.D Dissertation. Birmingham, UK: University of Birmingham.

仁科恭徳（2011）「特定学問分野間における意味連鎖比較：これからの ESAP 研究の方向性」『JACET Kansai Journal』第13号，14-25.

仁科恭徳（2013）「実践で学ぶコーパス活用術4：Google をコーパスに見立てる」『研究

社 WEB マガジン Lingua（リンガ）』オンライン．Retrieved from https://www.kenkyusha.co.jp/uploads/lingua/prt/13/NishinaYasunori1310.html

仁科恭徳 (2014a)「bloody hell: bloody の共起語抽出とその使用実態」『カルチュール』第 8 号，55-63.

仁科恭徳 (2014b)「英作文指導でのコーパス活用：Google を活用した英作文指導」『英語教師のためのコーパス活用ガイド』174-184.

仁科恭徳 (2014c)「実践で学ぶ コーパス活用術 11：パラレルコーパスの可能性」『研究社 WEB マガジン Lingua（リンガ）』オンライン．Retrieved from https://www.kenkyusha.co.jp/uploads/lingua/prt/13/NishinaYasunori1405.html

仁科恭徳 (2015a)「比較対照で理解する文法指導の急所：コーパスで知る実用英文法」『英語教育 10 月号（大修館）』26-27.

仁科恭徳 (2015b)「和英辞典の記述改善に向けて──日本語オノマトペの分析とその翻訳」『外国語教育メディア学会（LET）メソドロジー研究部会報告論集』第 7 号，1-14.

仁科恭徳 (2019)「ビルボード・コーパスを用いた現代ポップ・ソングの特徴に関して」『言語分析のフロンティア』258-274.

仁科恭徳 (2020)「日英パラレルコーパス WikipediaKyoto-LWP を用いた和英辞典の記述改善案について──「X を固める」の場合──」『英語コーパス研究』第 27 号，1-21.

仁科恭徳 (2021a)「言語（教育）研究における多変量解析の初歩と注意点：各手法の特徴，注意事項，ソフトウェアに関して」『教育開発ジャーナル』第 11 号，65-81.

仁科恭徳 (2021b)「日本語複合動詞「X 込む」とその和英翻訳から概観する現行和英辞書の関係性と問題点」『JACET Kansai Journal』第 23 号，149-162.

Nishina, Y. (2021). Corpus-Assisted Discourse Studies in Airline Company Profiles Through the Lens of Moves and Adjectives. *English Corpus Studies, 28,* 1-26.

仁科恭徳・赤瀬川史朗 (2021)「日英・英日パラレルコーパスオンライン検索ツール『（仮称）パラレルリンク』（Ver.1.0）の開発に向けて（中間報告）」『英語コーパス学会大会予稿集 2021』25-30.

仁科恭徳・赤瀬川史朗 (2022)「『パラレルリンク』(Ver.1.0) の開発──パラレルコーパス研究の概観とコーパス整備」『英語コーパス研究』第 29 号，63-78.

仁科恭徳・表谷純子・森下美和 (2017)「短期留学が日本人留学生にもたらす影響の実態調査」『教職教育センタージャーナル』第 3 号，1-15.

仁科恭徳・吉村征洋 (2012)「日本人英語学習者の「誤」法から見えてくるもの：学習者コーパスと教育経験から生じた局所的文法指導の重要性」『梅光言語文化研究』第 3 号，17-34.

西納春雄 (1997)「英語研究とインターネット」『英語コーパス研究』第 4 号，1-34.

西村道信 (1996)「D. H. ローレンスのイマジャリーとシンボリズム──コンピュータによる文体論の可能性──」『英語コーパス研究』第 3 号，59-76.

西村公正 (2002)「「関西外大コーパス B- 日英パラレルコーパス」の概要――計画から作成作業とその内容」『英語コーパス研究』第 9 号，37-43.

野村恵造・花本金吾・林龍次郎 (2013)『オーレックス英和辞典 第二版』東京：旺文社.

野村恵造・Moore, Jean・Kano, Caroline E. (2016)『オーレックス和英辞典 第二版』東京：旺文社.

Oakes, M. P. (1998). *Statistics for Corpus Linguistics*. Edinburgh, UK: Edinburgh University Press.

岡田啓 (1998)「英文検索・分析ツール TXTANA について」『英語コーパス研究』第 5 号，81-88.

岡田啓 (2002)「「顔」を含む日本語表現と対応する英語表現について」『英語コーパス研究』第 9 号，57-79.

岡田祥平 (2007)「とりあえず『日本語話し言葉コーパス』」検索の可能性を検討する――「雰囲気」という単語の発音を例に――」『龍谷大学国際センター研究年報』第 16 号，59-80.

岡田毅 (1997)「WWW を利用した英語学研究と情報発信」『英語コーパス研究』第 4 号，59-78.

奥野忠一・久米均・芳賀敏郎・吉澤正 (1971)『多変量解析法』東京：日科技連.

大隅昇・アランモリノウ・馬場康維・ルドヴィックルバール・ケネスワーウィック (1994)『記述的多変量解析法』東京：日科技連出版社.

大名力 (2011)「MI-score, T-score とコロケーション」『英語コーパス学会第 37 回大会・研究発表（口頭資料レジュメ）』.

大和田栄 (2008)「タガログ語データ・コーパスの質と性格」『英語コーパス研究』第 15 号，33-44.

Oya, M. (2017). Syntactic Divergence Patterns among English Translations of Japanese One-Word Sentences in a Parallel Corpus. *English Corpus Studies, 24*, 19-40.

Parnell, T. (2021). Humiliating and Dividing the Nation in the British Pro-Brexit Press: A Corpus-Assisted Analysis. *Critical Discourse Studies,* Published Online, 1-17. https://doi.org/10.1080/17405904.2021.1983446.

Pedersen, J. (2011). *Subtitling Norms for Television*. Amsterdam & Philadelphia: John Benjamins.

プラシャントパルデシ・赤瀬川史朗 (2011)「BCCWJ を活用した基本動詞ハンドブック作成――コーパスブラウジングシステム NINJAL-LWP の特長と機能――」『現代日本語書き言葉均衡コーパス完成記念講演会予稿集』205-216.

Pryzant, R., Chung, Y., Jurafsky, D., & Britz, D. (2018). *JESC: Japanese-English Subtitle Corpus*. Ithaca, NY: Cornell University. Retrieved from https://arxiv.org/pdf/1710.10639 (last accessed January 2021).

Rayson, P. (2008). From Key Words to Key Semantic Domains. *International Journal of Corpus Linguistics, 13*(4), 519-549.

Reppen, R. (2001). Corpus Linguistics and Language Teaching. *English Corpus Studies, 8*, 19-31.

李在鎬 (2019)「BCCWJ に含まれる学校教科書コーパスの計量的分析――日本語教育のためのリーダビリティと語彙レベルの分布を中心に――」『計量国語学』第 32 巻第 3 号，147-162.

Rychlý, P. (2008). A Lexicographer-Friendly Association Score. In *Proceedings of Recent Advances in Slavonic Natural Language Processing* (*RASLAN 2008*) (pp. 6-9), Brno, Czech Republic: Masaryk University.

齊藤俊雄 (1994)「The Century of Prose Corpus と文体研究」『英語コーパス研究』第 1 号，99-104.

齊藤俊雄・中村純作・赤野一郎 (編) (2005)『英語コーパス言語学――基礎と実践 (改訂新版)』東京：研究社.

佐竹由帆 (2016)「コーパスを使った英語授業：DDL (Data-driven learning) 入門――日英パラレルコーパスを活用する――」『研究社 Web マガジ ン Lingua』リレー連載 実践で学ぶコーパス活用術』第 32 号，オンライン.

Shei, C. (2005). Fixedness in Genre-Specific Language and Intercultural Differences. *International Journal of Corpus Linguistics, 10*(2), 199-225.

清水眞・村田真樹 (2002)「パラレルコーパスを用いた日英再帰形の分析」『英語コーパス研究』第 9 号，17-34.

新村出 (編) (2018)『広辞苑 第七版』東京：岩波書店.

新村秀一 (2002)「IP-OLDF と決定木分析との比較」『第 16 回日本計算機統計学会論文集』64-67.

篠原有子 (2014)「日本映画の英語字幕における訳出要因について――制作プロセスと視聴者に着目して――」『通訳翻訳研究』第 14 号，97-114.

塩谷シグリッド・H (2004)『アメリカの子供はどう英語を覚えるか』東京：祥伝社.

Sinclair, J. (1987a). *Collins COBUILD English Language Dictionary*. London: Collins ELT.

Sinclair, J. (1987b). *Looking Up: An Account of the COBUILD Project in Lexical Computing and the Development of the Collins COBUILD English Language Dictionary*. London, England: Collins.

Sinclair, J. (1991) *Corpus, Concordance, Collocation*. Oxford: Oxford University Press.

Sinclair, J. M., Jones, S., & Daley, R. (2004). *English Collocation Studies: The OSTI Report*. London: Continuum.

Soanes, C., & Stevenson, A. (2006). *Concise Oxford English Dictionary*. Oxford: Oxford University Press.

染谷泰正・赤瀬川史朗・山岡洋一 (2011)「大規模翻訳コーパスの構築とその研究および

教育上の可能性」『日本メディア英語学会第 1 回年次大会発表資料』1-15.

園田勝英 (1996)「PC-KIMMO — 形態素解析ソフトウェア — 」『英語コーパス研究』第 3 号，166-170.

Stewart, D. (2010). *Semantic Prosody: A Critical Evaluation (Advances in Corpus Linguistics 9)*. New York: Routledge.

Stubbs, M. (1993). British Traditions in Text Analysis: From Firth to Sinclair. In M. Baker, G. Francis, & E. Tognini-Bonelli (Eds.), *Text and Technology: In Honour of John Sinclair* (pp. 1-33). Amsterdam: John Benjamins. https://doi.org/10.1075/z.64.02stu

Stubbs, M. (1995). Collocations and Semantic Profiles: On the Cause of the Trouble with Quantitative Studies. *Functions of Languages, 2*, 1-33.

Stubbs, M. (2002). *Words and Phrases: Corpus Studies of Lexical Semantics*. Oxford: Blackwell.

杉浦正利 (2001)「コーパス解析手法」Retrieved from http://sugiura3.gsid.nagoya-u.ac.jp/project/ouyougengogaku/ (last accessed July 2010).

Sugiyama, M., & Kiyama, N. (2017). Strategies Used by U.S. Presidential Candidates in Their Speeches. *English Corpus Studies, 24*, 1-18.

スルダノヴィッチ エリャヴェッツ イレーナ・仁科喜久子 (2008)「コーパス検索ツール Sketch Engine の日本語版とその利用方法」『日本語科学』第 23 号，59-80.

砂川有里子 (2016)「実践で学ぶコーパス活用術 28：コーパス準拠の日本語学習辞書 — オンラインの辞書と辞書開発支援ツール — 」『研究社 WEB マガジン Lingua（リンガ）』オンライン．Retrieved from https://www.kenkyusha.co.jp/uploads/lingua/prt/15/SunakawaYuriko1601.html (last accessed January 2022).

砂川有里子 (2016)「実践で学ぶコーパス活用術 29：コーパス準拠の日本語学習辞書 — 多義語の語釈と語義の配列順 — 」『研究社 WEB マガジン Lingua（リンガ）』オンライン．Retrieved from https://www.kenkyusha.co.jp/uploads/lingua/prt/15/SunakawaYuriko1602.html (last accessed January 2022).

Tabachnick, B. G., & Fidell, L. S. (2006). *Using Multivariate Statistics (5th International ed.)*. Boston, MA: Pearson / Allyn & Bacon.

Tabata, T. (1995). Narrative Style and the Frequencies of Very Common Words: A Corpus-Based Approach to Dickens's First Person and Third Person Narratives. *English Corpus Studies, 2*, 91-109.

田畑智司 (2004)「-ly 副詞の生起頻度解析による文体識別 — コレスポンデンス分析と主成分分析による比較研究 — 」『電子化言語資料分析研究』97-114.

田畑智司 (2010)「歴代米国大統領就任演説の言語変異 — 多変量アプローチによるテクストマイニング — 」『英語コーパス研究』第 17 号，143-160.

高橋薫 (2019)「LOB Corpus から BNC へと移行した語彙分析の成果について」『コーパスと英語研究』213-224.

竹林滋・小島義郎・東信行・赤須薫（編）（2015）『ルミナス英和辞典　第二版』東京：研究社.

玉岡賀津雄（2006）「「決定木」分析によるコーパス研究の可能性：副詞と共起する接続助詞「から」「ので」「のに」の文中・文末表現を例に」『自然言語処理』第13巻第2号，169-179.

田中美和子（2002）「『語り』の when 節」の意味特徴」『英語コーパス研究』第9号，81-91.

Tanaka, Y. (2001). Compilation of a Multilingual Parallel Corpus. In *Proceedings of PACLING 2001* (pp. 265-268). Kyushu. Retrieved from file:///Users/yn/Desktop/tanaka.pdf (last accessed January 2021).

Teubert, W. (1996). Comparable or Parallel Corpora? *International Journal of Lexicography, 9*(3), 238-264.

Teubert, W. (2001). Corpus Linguistics and Lexicography. *International Journal of Corpus Linguistics 6*(*Special issue*), 125-153.

Tomaszczyk, J. (1989). L1-L2 Technical Translation and Dictionaries. In M. Snell-Hornby et al. (Eds.), *Translation and Lexicography* (pp. 177-186). Amsterdam: John Benjamins.

Trujillo, A. (1999). *Translation Engines: Techniques for Machine Translation*. London/Berlin: Springer-Verlag.

塚本聡（1997）「KWIC Concordance for Windows Ver.2.0 について」『英語コーパス研究』第4号，117-124.

塚脇幸代（2013）「対訳コーパスを利用した日英変換の分析」『言語処理学会第19回年次大会発表論文集』842-845.

内田諭（2014）「実践で学ぶコーパス活用術14：COCA を使ったコロケーションの検索」『研究社 WEB マガジン Lingua （リンガ）』オンライン．Retrieved from https://www.kenkyusha.co.jp/uploads/lingua/prt/13/UchidaSatoru1408.html （last accessed February 2022）.

宇野良子（2021）「認知言語学から考える言葉の生命性」『認知科学』第28巻第2号，242-248.

Utiyama, M., & Isahara, H. (2003). Reliable Measures for Aligning Japanese-English News Articles and Sentences. In *Proceedings of the 41st Annual Meeting of the Association for Computational Linguistics 2003, July 7th-9th* (pp. 72-79). Sapporo, Japan. Retrieved from http://dx.doi.org/10.3115/1075096.1075106 (last accessed February 2022).

Utiyama, M., & Takahashi, M. (2003). English-Japanese Translation Alignment Data. Retrieved from http://www2.nict.go.jp/univ-com/multi_trans/member/mutiyama/align/index.html (last accessed February 2022).

Varantola, K. (1997). *Translators, Dictionaries and Text Corpora* [Online]. Retrieved from http://www.sslmit.unibo.it/culpaps/varanto.htm (last accessed February 2022).

Volk, M. (2019). Innovations in Parallel Corpus Alignment and Retrieval. In I. Doval, & M. T. Sanchez Nieto (Eds.), *Parallel Corpora for Contrastive and Translation Studies: New Resources and Applications* (pp. 79-90). Amsterdam/Philadelphia: John Benjamins Publishing Company. https://doi.org/10.1075/scl.90.05vol

Williams, I. A. (1996). A Translator's Reference Needs: Dictionaries or Parallel Texts. *Target, 8,* 277-299.

家口美智子 (2020)「アメリカ英語における be bound to の準助動詞化の過程」『英語コーパス研究』第 27 号，53-72.

山岸勝榮 (2001)『学習和英辞典編纂論とその実践』東京：こびあん書房.

山岸勝榮 (2012)『スーパー・アンカー和英辞典』東京：学研.

山岸勝榮 (2009)『スーパー・アンカー英和辞典 第四版』東京：学研.

山岸勝榮 (2015)『スーパー・アンカー英和辞典 第五版』東京：学研.

Yamashita, M. (2014). The Design, Development and Research Potential of Kansai University Bilingual Essay Corpus. *English Corpus Studies, 21,* 19-35.

山﨑聡 (1999)「現代英語における esteem の用法とその史的変化」『英語コーパス研究』第 6 号，17-32.

吉村征洋・廣森友人・桐村亮・仁科恭徳 (2019)「英語ドラマ制作によるプロジェクト型共同学習が学習者の心理的側面に与える影響」『JACET Kansai Journal』第 21 号，23-44.

吉村由佳 (2004)「学習英和辞典における -ly 副詞の記述についての考察」『英語コーパス研究』第 11 号，49-62.

Zgusta, L. (1984). Translational Equivalence in the Bilingual Dictionary. In R. R. K. Hartmann (Ed.), *LEXeter '83 Proceedings: Papers from the International Conference on Lexicography, Exeter, September 1983* (pp. 147-154) Tubingen: Niemeyer.

本書で取り上げた主な日英・英日パラレルコーパス

大規模オープンソース日英対訳コーパス Japanese-English Software Manual Parallel Corpus（OPENSOURCE）（https://www2.nict.go.jp/astrec-att/member/mutiyama/manual/index-ja.html）

日英法令対訳コーパス Japanese-English Legal Parallel Corpus（LAW）（http://www.phontron.com/jaen-law/index-ja.html）

日英サブタイトルコーパス Japanese-English Subtitle Corpus（JESC）（https://nlp.stanford.edu/projects/jesc/index_ja.html）

日英新聞記事対応付けデータ Japanese-English News Article Alignment Data（JEN-AAD）（http://www2.nict.go.jp/astrec-att/member/mutiyama/jea/index-ja.html）

日英対訳文対応付けデータ English-Japanese Translation Alignment Data（TAIYAKU）（http://www2.nict.go.jp/astrec-att/member/mutiyama/align/index.html）

ロイター日英記事の対応付けデータ Reuters Corpora（REUTERS）（https://www2.nict.go.jp/astrec-att/member/mutiyama/jea/reuters/index.html）

SCoRE 用例コーパス The Sentence Corpus of Remedial English（SCoRE）（http://www.score-corpus.org/）

Tatoeba 日英対訳コーパス Tatoeba [Tanaka] Corpus（TATOEBA）（https://tatoeba.org/）

TED Talk 英日コーパス TED Talks（TED）（https://amara.org/en/teams/ted/videos）

Wikipedia 日英京都関連文書対訳コーパス Japanese-English Bilingual Corpus of Wikipedia's Kyoto Articles（WIKIPEDIA）（https://alaginrc.nict.go.jp/WikiCorpus/）

あとがき

　本書の出版を快くお引き受けくださった株式会社開拓社および同社出版部の川田賢さまには，心より感謝申し上げる．日頃の公務に忙殺されながらも「このあたりで自分の研究活動の軌跡を一冊の本にまとめたい！」と思い立ち，色々従事してきた研究の中で特に思い入れのあるパラレルコーパスについて書くことになった．振り返ると，私が現在までに従事してきた研究内容は，語彙意味論，構文文法，（応用）翻訳学，コーパス言語学（純粋な言語分析と教育的活用），談話分析，ESP (English for Specific Purposes)，教材開発，辞書学，協働学習の理論と実践，翻訳学，心彩心理学など多岐に渡っているが，当時パラレルコーパスを活用した研究の先行研究がほとんどなかったため，手探りでパラレルコーパスをいじりながら記述的な分析を試みた．先駆者がいない分，パラレルコーパスを使って新しい言語事実が発見できた時には本当に嬉しく，パラレルコーパスの可能性を切に感じた．本書の内容の半分以上は現在まで未発表のものであり，残りは自身が現在までに執筆・発表したパラレルコーパス関連の論文やコラム，記事を見直し，必要に応じて大幅に修正・リライトし，最新の情報も追加し，何度も推敲を重ねて出来上がったものである．こうして，ようやく集大成となる一冊のモノグラフが完成した．コーパス言語学や翻訳学，記述言語学を研究・学習する全ての人々に届けたい一冊である．

　また，本当に多くの方々のご支援あって，今日の私が存在しているわけであるが，私が言語研究に目覚めたきっかけは，学部時代に所属していたゼミの担当教員が偶然にも赤野一郎先生（京都外国語大学名誉教授・元英語コーパス学会会長）であったことによる．師の指導は決して生易しいものではなかったが，言語の実相を追求する師の探究心と石橋を何度も叩いてから分析結果を世に送り出す師の研究過程は，私の研究姿勢に多大な影響を与えた．加えて，師の背中を見て学ぶことも大変多かった．

　そして，2年間だけではあるが，直属の上司であった野口ジュディー津多江

198

先生（神戸学院大学教授名誉教授）にもここで感謝を申し上げたい．偶然にもこのお二人と私は，英国バーミンガム大学という共通項で繋がっており，赤野先生は客員研究員として，野口先生は博士課程の大学院生として，それぞれ同じ学び舎で過ごされたのであった．また，パタングラマーや談話分析の研究で世界的に著名な同大学に所属しているスーザン・ハンストン教授は，赤野先生が最も敬愛する研究者のお一人であったが，奇しくも野口先生と私の指導教授でもあった．私の人生には不可欠であったこのご縁に感謝したい．

　最後に，本書が，これからの言語研究者および言語教育者の養成の一助になればと切に願っている．

2023 年 早春 『パラレルコーパス言語学の諸相』筆者より

索　引

1. 日本語は五十音順に並べた．英語（で始まるもの）はアルファ
ベットで，最後に一括した．
2. 数字はページ数を示し，n は脚注を表す．

著者紹介

仁科　恭徳　(にしな　やすのり)

　兵庫県出身．英国エクセター大学大学院応用翻訳学修士課程修了．英国バーミンガム大学大学院コーパス言語学修士課程修了．英国バーミンガム大学大学院より応用言語学博士号取得 (Ph.D.)．京都府立大学共同研究員，立命館大学嘱託講師，明治学院大学専任講師，米国ホープカレッジ客員交換教授，神戸学院大学准教授を経て，現在，神戸学院大学教授，および英国オックスフォード大学客員教授．

　主な著書に『言語分析のフロンティア』(共編著，金星堂)，『応用言語学の最前線』(共編著，金星堂)，『グローバル・コミュニケーション学入門』(共編著，三省堂)，『最新英語学・言語学用語辞典』(共著，開拓社)，『映画総合教材ラブアクチュアリー』(監修，松柏社)，『ホスピタリティ・コミュニケーション実践形式で学ぶおもてなし英語』(編著，三修社)，『ウィズダム英和辞典第3版』(共著，三省堂)，『ウィズダム英和辞典第4版』(共著，三省堂)，『デイリーコンサイス英和辞典第9版』(共著，三省堂)，Evaluative Meanings and Disciplinary Values: A Corpus-Study of Adjective Patterns in Research Articles in Applied Linguistics and Business Studies(単著，LAP)，他多数．

神戸学院大学グローバル・コミュニケーション学会 研究叢書 Vol. 2

パラレルコーパス言語学の諸相
─モノリンガルコーパス研究からバイリンガルコーパス研究へ─

著　者	仁 科 恭 徳
発行者	武 村 哲 司
印刷所	日之出印刷株式会社

2023 年 3 月 13 日　第 1 版第 1 刷発行

発行所　　株式会社　開 拓 社

〒112-0013 東京都文京区音羽 1-22-16
電話　(03) 5395-7101 (代表)
振替　00160-8-39587
http://www.kaitakusha.co.jp